モノの見方が変わる

大人の地理力

ワールド・リサーチ・ネット［編］

青春出版社

はじめに

初対面の人と雑談するときには、「どちらのご出身ですか？」という質問を繰り出すもの。その質問に対して、相手が「○○県です」や「△△市です」と答えたあと、会話を続けられるかどうかは、すべてあなたの「大人の地理力」にかかっています。

たとえば、「福井県ですか。最近は恐竜の化石が発掘されているそうですね」「富士宮市ですか、焼きそばで有名ですね」というように、相手が言葉を継ぎやすいように応じることができれば、その後、しばらくの間は、話を弾ませることができるはずです。

むろん、〝二の矢〟を放てるかどうかは、あなたの地理知識しだい。本書を読めば、どんな地域のどんなテーマでも、自信をもって話題にできるでしょう。とりわけ各地域の産業や名産品などを多数取り上げたのは、それが大人の会話をするのに、最も使いやすいネタだからです。

この本には、その他にも、地名、地形、境界線など、他人に話せる地理の情報を詰め込みました。ぜひ楽しみながら「大人の地理力」をパワーアップさせてください。

２０１８年７月

ワールド・リサーチ・ネット

モノの見方が変わる 大人の地理力■目次

1 「地図」には、みんなが知らない裏がある！――11

2 「産業と名産品」こそ会話のネタの宝庫だった！――41

目　次

3 「乗り物」をめぐって、そういう裏話があったのか！ 87

特集1 話のネタになる地名①

6 「気象と地形」の読み方がわかると、モノの見方が変わる！―― 213

特集2　話のネタになる地名②

カバー写真提供■国立国会図書館
■東阪航空サービス／アフロ
本文写真提供■JBOY／shutterstock.com
DTP■フジマックオフィス

1 「地図」には、みんなが知らない裏がある!

県境未定地が国土の３％以上もある理由

〝境界〟をめぐる問題といえば、ご近所トラブルだ。「うちの敷地に、隣家の木の枝がのびて侵入しているのに、切ろうともしない」という類の話だが、住居の敷地は境界がはっきりしているため、法的解決もスムーズだ。

ところが、都道府県の〝境界〟に目を向けると、なんと日本の面積全体の３％以上が県境未定地のまま。全国47都道府県のうち、県境未定地は21都県にあり、その面積は約１万３０００平方キロにもおよぶ。

そもそも、なぜ県境未定地が生じたのか？　これには江戸時代、各藩の境界があいまいだったことが影響している。明治政府は廃藩置県を行い、新たに県境を定めたが、それは旧藩境を基本にしたものだった。そのため、旧藩境がはっきりしない場所がそのまま県境未定地として引き継がれた。そして、その多くは山間部など、あまり人が住まない場所であり、さほど問題が生じなかったため、１世紀半近くも放置されてきたのだ。

北海道で巨大な飛び地が生まれた意外な経緯

自治体のなかには、すべてが地続きでなく、一部が飛び地になっているところがあるが、広大な北海道ではそのスケールも大きい。たとえば日高町には、東京23区に匹敵するサイズの飛び地がある。平成の大合併により、当初は旧日高町、旧門別町のほか、平取町など3町村が一緒になる予定だった。ところが、最終的に平取町など3町村が合併を拒み、旧日高町と旧門別町の2町のみの合併となった。

2町の間には合併しなかった平取町があるため、離れた町同士の合併となった。通常、大きな飛び地のある自治体では、役場のあるほうを本体、そうではないほうを飛び地とする。この合併の場合、名前は日高町だが、人口が多い旧門別町に役場が置かれてるので、旧日高町が飛び地扱いにされている。旧日高町の面積は563・62平方キロあるため、東京23区（619平方キロ）に近い広さを持つ飛び地が生まれたというわけだ。

また伊達市には、本体の１・６倍の面積の飛び地がある。こちらも平成の大合併で壮瞥町、大滝村、洞爺村、虻田町、豊浦町という5町村と一緒になる予定だったが、洞爺村、虻田町、豊浦町、壮瞥町が拒み、大滝村のみを合併することになった。伊達市と大滝村の間に壮瞥町があるため、やはり離れた地域同士の合併となった。

役場は伊達市に置かれたが、面積では伊達市の１７０平方キロに対し、大滝村は２７４平方キロ。こうして、役場のあるほうの１・６倍もある飛び地が生まれたのだ。

幅1メートルの登山道だけが福島県になったフシギ

山形県と新潟県にまたがる飯豊山《いいでさん》に、南東側の三国岳から山頂に向かってつづく登山道がある。幅１メートルもない登山道だが、じつはこの登山道だけが福島県で、その周囲は山形県や新潟県になっている。

登山道だけが福島県という不思議なことになった理由は、山頂の飯豊山神社にある。

飯豊山神社は、安土桃山時代には会津（現在の福島県西部）を治めていた蒲生《がもう》氏が、江戸時代には会津藩主となった松平氏が保護してきた。ところが、明治の廃藩置県で飯豊山は、新潟県内とされた。それは、福島県の人々にとって認めがたい話であり、20年以上にわたる議論のすえ、登山道と飯豊山山頂は福島県となった。そして登山道より南西は新潟県、北東は山形県となったのだ。

県内人口が最大の郡山を県庁所在地にしなかったワケ

明治9年、福島、磐前《いわさき》、若松の3県が統合して誕生した福島県。そのとき、福島市に県庁が置かれたことが、福島市VS郡山市のライバル関係を生むきっかけとなった。福島市は、地理的に県北部にあるため、交通が未発達だった時代、多くの県民にとっては不便な場所だった。そうした不満が募って、県中心に位置する郡山市への県庁移転運動が起きたのだ。

明治18年には、郡山市への移転が県議会で可決されたが、移転は実現しなかった。

当時、仙台に鎮台（陸軍師団）が置かれていたため、仙台に近い福島のほうが便利だとして、国が移転案を破棄したのだ。

　では、現在の二大都市の状況はどうだろう。東北自動車道・磐越自動車道が交差し、首都圏や仙台へのアクセスがよいのは圧倒的に郡山市。人口では福島市は約29万人、それにたいして郡山市は33万人（ともに２０１８年）と、これも郡山市がリードしているが、県庁所在地は変わらず、福島市のままである。

日本で一番「市」が多い埼玉県のひみつ

　埼玉県は、日本で「市」がもっとも多い県。２０１８年時点で、40市が存在する。市の数が増えた理由を明らかにするには、県や市が生まれる以前の時代にさかのぼる必要がある。

　江戸時代の埼玉には、中山道、日光街道、川越街道、秩父往還などが通り、街道沿いに設けられた多数の宿場町がにぎわっていた。その宿場町から発展したのが、現在の「市」なのだ。一部を紹介すると、中山道の蕨《わらび》宿、浦和宿、大宮宿、桶川宿、日光道中では草加宿、越谷宿などが、いずれも「市」になっている。

また、昭和の高度成長期、埼玉が東京のベッドタウンとして発展したことも影響している。急激な人口増にともなって、それまで町や村だった地域が市に昇格したり、近隣の町村と合併して市となったことで、市の数が増えたのである。ちなみに、埼玉県以外で「市」の数が多いのは、2位が愛知県の38市、3位が千葉県の37市。

県庁所在地をさしおいて、なぜ熊谷に気象台が置かれた？

地方気象台は、その県の気象や火山などを観測し、天気予報や警報などを行う。通常、地方気象台は県庁所在地に置かれるが、埼玉県は、なぜか県庁所在地の浦和ではなく、熊谷に置かれている。

話は明治時代にさかのぼる。明治時代の半ば、各地に気象台の前身「測候所」が設置された。埼玉県は当初、浦和に測候所が置かれることが決まったが、明治24年（1

８９１)、内務省の告示によって、熊谷に変更されたのだ。
変更理由は今となってははっきりしないが、地理的に見て、浦和が東京に近すぎるため、気象観測地点として不適切と判断されたとみられている。

熊谷が選ばれたのは、当時の熊谷が養蚕で栄え、県経済の中心であったこと。また、群馬県の地方気象台が前橋市に置かれたことから、東京と前橋の中間に位置する熊谷が選ばれたとみられている。

映画のロケ地というと、なにかと選ばれる茨城県のナゾ

毎年発表される「都道府県魅力度ランキング」で、５年連続で全国ワーストワンの茨城県。ところが、映画のロケ地としては、抜群の人気を誇っている。

人気の理由は、何といっても制作会社が集中する東京に近いこと。交通費がかからないわりには、海や山、川があり、神社仏閣などの伝統的建築物も多数残っているので、時代劇を撮ることもできる。一方、つくば市のＪＡＸＡやつくばエキスプレスなどでは、近未来モノのロケも可能だ。交通アクセスのよさと、時代劇から未来モノまでこなせる幅の広さが、茨城県の魅力といえる。

一方、富山県も、ドラマ・映画業界では、人気が高いロケ地の一つ。立山連峰の壮大な風景、黒部ダム、海岸、温泉地などは、サスペンスドラマを盛り上げるのに恰好のロケーションだ。製作地の東京からは遠いものの、それを差し引いても、豊かな自然の風景が人気の理由になっているようだ。

「ボートレース多摩川」をつくるのに掘った穴の砂利はどこに消えた？

東京都府中市の「ボートレース多摩川」へのアクセスは、西武多摩川線「競艇場前駅」で下車するのが便利。武蔵境―是政《これまさ》間を結ぶ多摩川線は、もとは多摩鉄道が開業した路線で、大正6年（1917）に境駅（現武蔵境駅）―北多磨（現白糸台駅）間が開業し、常久駅（現競艇場前駅）へ延伸、大正11年に是政駅まで開業された。

この多摩鉄道、もともとは近くを流れる多摩川から砂利を採掘し、運搬する目的で建設された路線だ。当時は、東京が建設ラッシュの時代で、建築資材として砂利の需要が急増していたのだ。その砂利を掘削したのが、現在のボートレース多摩川周辺だったのである。

ところが、需要に応えて深く掘り過ぎたことで、多摩川の川底が下がり、農業用水が引き込めなくなったり、掘った穴に子どもが転落するなど、問題が多発。しかし、採掘によってできた穴を埋めるには膨大なコストがかかる。そこで、砂利穴をそのまま利用するという方法をとった。つまり、採掘した穴に水を溜めて、競艇場にしたというわけだ。

東京の南の海にある四つの「住所のない島」の話

東京から南へ約650キロ、伊豆諸島と小笠原諸島のあいだには、ベヨネース列岩、須美寿《すみす》島、鳥島、孀婦《そうふ》岩と、四つの無人島が並んでいる。俗に「豆南《ずなん》諸島」と呼ばれ、ダイバー憧れのスポットとして知られている。

じつは、これら4島には、〝住所〟がない。もっとも、鳥島を除く3島は、岩礁といってもいい小島であり、いずれも無人島だから大きな支障はないのだが、周辺が好漁場であることから、八丈島と青ヶ島がそれぞれ所有権を主張している。

鳥島は、今でこそ無人島だが、過去には八丈島から移住した人々が住んでいた。そこで、八丈島は、この4島は八丈町に所有権があるとして、昭和56年（1981）、4島の八丈町への編入要望書を東京都知事に提出した。一方の青ヶ島は、これら4島にもっとも近いのは青ヶ島であると主張し、いまだに決着していない。結局、これら4島は帰属未定地として、どの市区町村にも帰属しない状態が続いている。

水道橋には、やっぱり水道の橋があった？

徳川幕府は、江戸市中の飲料水を確保するため、井の頭池から水をひいて、上水とした。それが神田上水だが、神田上水は後楽園の近くで神田川とぶつかった。神田川と交わると、上水が汚れてしまうので、幕府は上水のための樋をつくり橋の上に架けた。上水は、そこから木管や石樋を流れて江戸城に入り、日本橋方面へと向かった。

その上水のための橋こそ、最初の水道橋であり、今の東京・水道橋には、かつて本当に〝水道の通る橋〟があったというわけだ。

熱海駅手前の鉄橋にある「１００」の標識の意味は？

東京駅から東海道本線に乗り、西へ進むと、熱海駅の手前の千歳川に架かる鉄橋に、「１００」と書かれた標識がかかっている。これは、そこが東京駅から１００キロ地点であることを意味している。

その１００キロ地点は、神奈川県と静岡県の県境でもある。また、そこは関東地方と中部地方との境界でもあり、さらには江戸時代、相模と伊豆の国境でもあったところだ。

関東と関西で「防風林」に使う木の傾向には〝クセ〟がある

防風林には、関東と関西とでは、違う樹木が使われている。

一般に、関東では〝落葉樹〟であるケヤキが使われてきた。関東は比較的寒いため、冬でも葉が生い繁る常緑樹を使うと、木の葉で日光が遮られ、寒さがいっそう身に沁みることになる。そこで、冬には葉を落とす落葉樹が使われてきたのだ。

一方、関西は関東ほどは冷え込まないので、そこまで寒さに気をつかう必要がない。そこで、冬でも落ち葉にわずらわされることのない常緑樹や竹が使われてきたというわけ。

あの「エボシ岩」の形、昔とは違ってきていないか

神奈川県茅ケ崎海岸の沖、約1・4キロの位置にある「エボシ岩」。サザンオール

スターズの曲の歌詞に登場したことで有名になったこの岩は、今から３００～６００万年前、海底に堆積した地層が隆起したものと見られる。

岩名になった「エボシ」は、平安時代から男性がかぶっていた烏帽子に由来するが、昔のエボシ岩は今よりもさらにとがっていたという。形が変わったのは、長年、波が打ちつけたからではなく、射撃によって削られたことが原因である。

敗戦後の１９４６年、この地は米軍に接収されて「キャンプ・チガサキ」となり、さまざまな訓練が行われていた。そこで、標的に使われたのがトンガリ帽子のエボシ岩で、弾丸を受けるうちに、形が変わってしまったのだ。

日本のあちこちにいるのに、どうして「ギフチョウ」？

ギフチョウは、本州一帯、とりわけ日本海側でよく見かける蝶。それなのに、「ギフチョウ」と呼ばれるのは、最初に岐阜で発見されたからだ。

ギフチョウは明治16年（１８８３）、岐阜県農学校の博物学助手だった名和靖によって発見された。名和が公務で郡上郡祖師野村を訪れたとき、見慣れない蝶を見つけ、東京大学動物学科に標本を送ったところ、新種の蝶らしいので、もっと標本を送ってほしいという連絡が来た。その後、「ギフで新種が発見された」という話が広まるうち、いつしか蝶は「ギフチョウ」と呼ばれるようになった。名和もその名前を気に入り、蝶が新種認定された際、ギフチョウと名づけたのだった。そのあとになって、各地で発見され、本州一帯に生息している蝶であることがわかってきたのだ。

どうして新潟県は、日本で一番神社が多いのか

日本には、８万社を超える神社がある。このうち、神社の数が最も多い都道府県は新潟県。平成28年度の文部科学省の宗教統計調査では４７４９社あり、２位の兵庫県の３８６５社より９００社近くも多い。

その理由の一つは、明治時代まで、都道府県のなかで、新潟県の人口が最多だったからだ。人口が多ければ、村の数も増える。各村の信仰の対象として神社の数が増えたのだ。実際2番目に神社が多い兵庫県も、明治時代の人口は新潟県に次ぐ2位だった。

また、明治の末に、明治政府は、神社同士の合併を進めた。この政策に新潟県の神社は消極的だった。合併政策によって、新潟県では２０００以上の神社が消滅したが、他県ではさらに多くの神社がなくなった。その結果、大正14年（１９２５）に新潟県の神社数は日本一となり、それが今日までつづいているのだ。

〝日本一リッチな村〟飛島村のウソのような本当の話

名古屋市に隣接する「飛島村」をご存じだろうか。面積22・42平方キロ、人口約４５００人の小さな村だが、最近では〝日本一リッチな村〟として全国的に注目されている。

そんな飛島村の税収は、２０１２年度決算で、31億６０３５万円。豊かさをしめす「財政力指数」は2・13と、ぶっちぎりで全国トップを誇る。なぜこの村はかくも豊かになったのか？

それは、名古屋市の隣にあるという立地を活かし、名だたる大企業の誘致に成功したからだ。村の南部は臨海工業地帯となっており、２００社以上の企業が集まっている。それらの企業から得た豊富な税収で、村は潤っているというわけだ。そんな飛島村では、子どもの医療費は18歳まで無料、節目ごとに祝い金が贈呈されている。

「そんなに裕福なら、ぜひ住みたい」と移住を希望する人は多いのだが、なぜか人口は増えていない。飛島村は工業地帯をのぞけば、大半が農地で、新たにマンション用などの宅地を増やすことが難しいのである。

寒くない愛知県がフィギュアスケートの名選手を輩出する理由

平昌冬季五輪で活躍したカーリング女子をはじめ、冬季スポーツの名選手には、北海道や長野県など、寒冷地の出身というイメージがある。ところが、フィギュアスケートは、愛知県から多くのトップ選手が生まれている。

その理由の一つは、フィギュア選手・小塚崇彦《こづかたかひこ》の祖父である小塚光彦から受け継がれた指導者の育成にあるといわれる。小塚光彦は、戦前の満州で活躍した選手で、引退後は名古屋で後進の育成に力を入れた。その小塚氏の教えを受けた選手が指導者となり、伊藤みどりを筆頭に、浅田真央、鈴木明子、村上佳菜子などの名選手を育ててきた。

その愛知は、ハード面も充実している。県内には、通年利用できるスケートリンクが充実しているほか、トヨタなどの地元企業がフィギュア選手を応援している。ソフト、ハードの両面から選手を支援する体制が整っていることから、愛知県は日本一の〝フィギュアスケート王国〟になったのである。

名古屋で「地下街」が発展した裏事情とは？

名古屋の名鉄名古屋駅と栄駅の地下には、大地下街が広がっている。最も古いのは、１９５７年３月にオープンした「ナゴヤ地下街」（現サンロード）。それ以降、地下鉄の開業にともなって、いくつもの地下街がこの地に生まれた。

現在、名古屋市にある地下街ののべ床面積は約17万平方メートル。面積では東京や大阪にはおよばないものの、それでもナゴヤドーム3個半が入る広さである。

名古屋に地下街ができたのは、車優先の道路整備が行われてきたことと無関係ではない。車社会の名古屋では、車が走りやすいように車道が広く設けられた。そのため、歩行者は地上では広い車道を渡らなければならない。やがて、交通事故も起きるようになったため、〝歩行者専用道路〟という意味あいで、地下街がつくられたのである。

また、名古屋は冬は寒く、夏は湿気が多く蒸し蒸しする土地。空調完備の地下空間が好まれたことも、地下街が増えた理由といわれている。

なぜ、名古屋の市街地では墓地を見かけないのか

名古屋市の中心部では、どういうわけか墓地を見かけない。これは、第二次世界大戦後の復興計画で、墓地が郊外に移されたため。

戦後、名古屋市は大胆な都市整備を実施し、市街地の20％を超える土地を道路・公園用地とした。そのため、市街地内の２７９寺の墓地の墓石18万９０３０基を集め、名古屋市の東山にある平和公園に移したのだ。その徹底ぶりは、尾張藩主の徳川宗春の墓石まで移転したことでもよくわかる。そうして名古屋市街では、まず墓地を見かけなくなったのだ。

大阪の〝日本一長い商店街〟はどうやってできた？

毎年７月24～25日に行われる大阪きっての夏のイベント、天神祭。その天神祭で有名な大阪天満宮の近くにあるのが「天神橋筋商店街」だ。全長２６００メートルの長さは日本屈指、全面アーケードの商店街には、飲食店や娯楽施設、衣料品店など、約６００軒もの店が並んでいる。

商店街のルーツは、承応２年（１６５３）、この地に幕府公認の天満青物市場が立ったことにある。幕府は、青物市場の権益を保護し、ほかに似たような市が立つことを認めなかったため、この界隈は新鮮な野菜や果物が手に入る場所としてにぎわった。周辺の農村はもとより、丹波、播磨、近江からも荷が運ばれて、人と物でごった返した。

現在の天神橋筋商店街は、その青物市場からはじまり、明治以降は天満宮へと向かう参道のにぎわいのなかで誕生した。人が集まるほどに商店が増え、商店街はどんどん長くなり、やがて現在の長さになったのである。

江戸の方が橋がたくさんあったのに、なぜ大坂が「八百八橋」？

江戸時代、大坂は「浪華八百八橋」と呼ばれ、江戸は「江戸八百八町」と呼ばれた。というと、大坂のほうが江戸よりも、橋の数が多かったようだが、実際には、江戸に３５０ほどの橋があったのに対し、大坂の橋は２００ほどしかなかった。それなのに、大坂が「浪華八百八橋」と呼ばれたのは、橋が〝民間活力〟によってつくられたことと関係している。

江戸の橋は、半分が公儀《こうぎ》橋と呼ばれる幕府がつくった橋だった。一方、大坂は、公

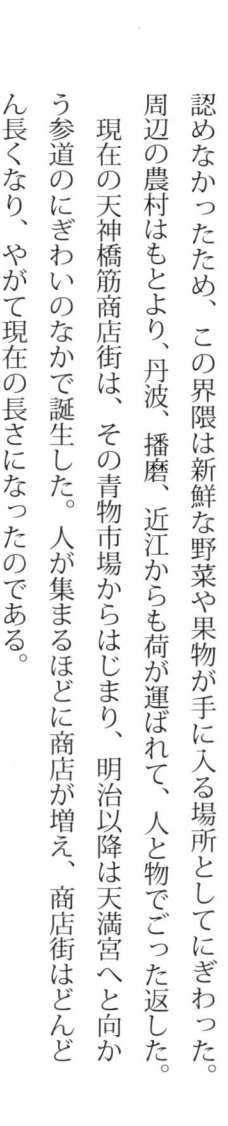

儀橋は12だけで、残りは町人たちがお金を出し合ってつくったもの。もともと、大坂は東横堀川、西横堀川、道頓堀川などの川が町中に流れこんでいる町。その川に、町人たちが商売や暮らしのために、橋を架けていった。数では江戸にかなわないものの、「自分たちの橋」という意識が強く、そこから「浪華八百八橋」という言葉が生まれることになった。

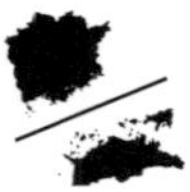

瀬戸内海をはさんでいるのに、岡山県と香川県の県境は陸上に⁉

岡山県と香川県は、瀬戸内海をはさんで向かい合っているが、両県の県境は陸上にも存在する。

その場所は2カ所あって、一つは瀬戸内海に浮かぶ〝いしま〟、もう一つは同じく瀬戸内海に浮かぶ大槌島だ。そのうち、〝いしま〟は岡山県では「石島」と書き、香川県では「井島」と書く。〝いしま〟では、北部が岡山県玉野市、南部は香川県直島町になる。一方、大槌島は、北部が岡山県玉野市、南部が香川県高松市になる。

島内に県境が設けられたのは、江戸時代の領地争いの名残りといえる。両島周辺は好漁場なので、領有権をめぐる争いがあり、狭い島内に境界線が引かれることになったのだ。

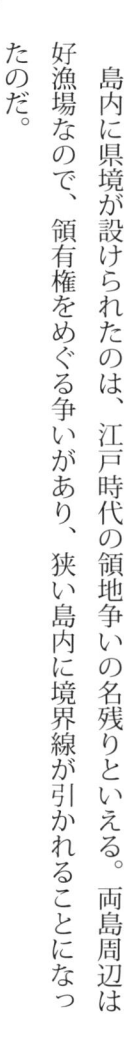

鳥取県で二種類の方言が話されている歴史的な理由

鳥取県とひと言にいっても、西と東では文化がかなり違う。県民性も、西側の因幡《いなば》地方は保守的で質素倹約を重んじ、東側の伯耆《ほうき》地方は社交的で進取の気風に富むとされる。言葉も違い、たとえば人にものを尋ねる言葉の「なんですか」は、因幡地方では「なんだいや」、伯耆地方では「なんだーか」となる。この「なんだーか」は、むしろ隣にある島根県の出雲地方の方言に近い。

同じ鳥取県でも、気風や方言が異なるのは、もとは因幡と伯耆という異なる国であることに由来する。それが江戸時代に、池田光政が因幡と伯耆の両国を治める鳥取藩主となり、この鳥取藩が明治維新後、鳥取県となったのだ。それでも、因幡と伯耆の地域性の違いが今も色濃く残っているというわけだ。

大久野島が日本地図から抹消されていた裏側

瀬戸内海に浮かぶ小さな島、大久野島《おおくのじま》。今では島全体が国民休暇村となり、野生のウサギと触れあえる「ウサギ島」として、広島の人気観光スポットの一つになっているが、こののどかな島には、かつて旧日本陸軍の毒ガス製造所が存在していた。

大久野島に毒ガス工場が設置されたのは、昭和４年（１９２９）のこと。以降、昭和19年までの間に、催涙ガス、青酸ガスなど計６６１６トンが製造された。もともと、毒ガス工場は、現在の新宿区にあったのだが、毒ガス製造は国際協定に違反する行為だったため、秘密裡に製造できる場所として大久野島が選ばれたのである。

その際、島民は強制的に島外へ移住させられ、〝秘密の毒ガス島〟となった大久野島には、さらなる悲劇が待っていた。昭和８年から終戦まで、日本地図から抹消され、存在しないことにされていたのである。

広島県とハワイをつなぐ知られざる接点

日本人の海外旅行先として、根強い人気を誇るハワイ。そのハワイには日系人が多数住んでいるが、それは明治時代、官約移民が行われたからだ。官約移民とは、明治政府とハワイ政府の間で結ばれた契約にもとづく移民事業のこと。サトウキビ農園での働き手が不足していたハワイに、3年契約で日本人労働者が移り住んだのだ。

明治19年（1886）から27年6月までのあいだに計26回、約3万人もの日本人が労働者としてハワイへ渡ったが、そのうちの38・2％を広島県民が占めていた。

というのも、広島では、明治16年の干害から、暴風雨などによって農作物が立て続けに被害を受け、生活に困窮した農民がハワイ行きを希望したからだ。広島県出身者が多く移り住んだため、当時のハワイの日系人コミュニティーでは、広島弁が〝標準語〟になっていたという。

四国遍路の札所の順番はどうやって決まった？

「四国遍路」は、札所と呼ばれる霊場に札を納めながら、弘法大師ゆかりの八十八霊場をめぐる巡礼の旅。一番札所から回ることを「順打ち」、八十八番目から巡礼することを「逆打ち」という。順打ちで基点となる一番札所は、徳島県鳴門市にある霊山《りょうぜん》寺《じ》。そこが一番札所に定められた経緯には、理由があるのだろうか？

結論からいうと、霊山寺が一番札所になったのは、利便性によるものだったとみられる。そもそも、本州と四国が橋でつながったのは、つい最近の話。平安時代以降、都から四国へ行くには海路を使い、淡路島から鳴門を通って撫養《むや》に上陸した。そこから、撫養街道を進むと、最初に着くのが霊山寺だったのである。

お遍路が確立した江戸時代も、四国と上方を結ぶ海上交通の玄関口は撫養だった。つまり、畿内以東からやってくる巡礼者にとって、霊山寺から順打ちで回るのが、もっとも都合のよい順番だったというわけだ。

造船業が愛媛県の代表的な産業の一つになるまで

愛媛県の代表的な産業の一つに「造船業」がある。県内でも造船が盛んなのは今治市で、建造数では国内の約20％を占めている。

その今治市の北に位置する波《は》止《し》浜《はま》地区（旧波止浜町）は、古くから知られる造船の町。現在も波止浜湾には1万トン級の船が浮かび、造船所が建ち並ぶ日本屈指の造船業の集積地となっている。

この地で造船が盛んになった背景には、瀬戸内海に面した立地と、古くから当地で行われてきた「製塩業」が関わっている。12世紀初頭から、瀬戸内の島や四国沿岸部では塩づくりが行われ、安価で良質な塩が評判を呼び、港は各地から塩を買いつける船でにぎわっていた。やがて、塩や製塩に必要な燃料運搬のための海運業が発展し、船を修理したり造船したりする船大工が多く育ったのである。

日本の近代化を支えた「八幡製鉄所」誕生をめぐる物語

明治維新以降、近代化への道を邁進した日本。それを鉄鋼の分野で支えたのが八幡製鉄所である。同製鉄所は、明治時代半ば、官営製鉄所として設立されたものである。

その際、官営製鉄所の最終候補地に選ばれたのは、福岡県遠賀郡八幡村（北九州市八幡東区）、福岡県企救郡柳ヶ浦（北九州市門司区）、広島県安芸郡坂村（安芸郡坂町）の３カ所だった。結果的に「八幡村」に決定したわけだが、選定理由の一つは、日本有数の石炭産出量を誇る筑豊炭田の存在だった。北九州では、製鉄の原料となる石炭の調達が容易だったからである。

また、八幡村は湾に面しているため、水運の利用によって運搬にも都合がよかった。さらに、当地には大小さまざまな川が流れていて、工業用水が確保できるなど、八幡村には製鉄に適した条件がそろっていたのである。

福岡県と佐賀県の県境がやけに複雑なのには理由があった！

福岡県と佐賀県の県境には、妙にくねくねと蛇行した部分がある。付近には筑後川が流れているのだが、県境が筑後川を何度も横切っているのだ。じつは、その県境こそ、かつての筑後川の姿だ。

筑後川は九州最大の河川であるとともに、三大暴れ川の一つでもある。その暴れ川を治めるべく、江戸時代から治水工事が行われてきた。なかでも、大正12年（1923）からの工事では、河道の直線化に眼目が置かれ、筑後川の総延長は9キロも短くなった。それにより激しく蛇行していた河道は、現在のように直線に近づいた。

福岡県と佐賀県の県境は、もともと激しく蛇行していた時代の筑後川に沿って定められていた。直線化工事で河道が変わったにもかかわらず、県境はかつての河道のままなので、県境が何度も川を越える複雑なかたちになったのだ。

鹿児島県に二つもロケット発射場がつくられたワケ

鹿児島県には、「種子島宇宙センター」と「内之浦宇宙空間観測所」の二つのロケット発射場がある。歴史が古いのは内之浦宇宙空間観測所で、昭和45年（１９７０）、日本初となる人工衛星「おおすみ」はここから打ち上げられた。

鹿児島県にロケット発射場がつくられたのは、人工衛星を赤道上空の軌道に乗せるのに、赤道に近いほうが有利だからだ。また、打ち上げ方向にあたる東〜南にかけて海が広がっていることも重要。万が一、墜落しても海なら被害が少なくてすむ。

こうした条件を国内でもっともよく満たすのが鹿児島県というわけだが、それにしても、同じ県に二つの打ち上げ施設をつくる必要があったのだろうか？　じつはこの二つ、現在はいずれもＪＡＸＡの組織に属しているが、もともとは別組織だった。つまり、いわゆる縦割り行政で、それぞれの組織が打ち上げに適した鹿児島県に発射場をつくったため、二つの発射場ができたというわけである。

2 「産業と名産品」こそ会話のネタの宝庫だった！

そもそもなぜ岩手県で牧羊が盛んになったのか

岩手県は、牧羊が盛んな土地。これは、岩手県の気候が羊の放牧に適しているからだ。羊の放牧には、ヨーロッパ風の乾燥した冷涼な気候が適している。その点、岩手県の高原地帯は、欧米に似た気候環境にあるのだ。

そこで岩手県では、北海道、長野県とともに、戦前から羊の放牧が行われてきた。当時は、軍隊の防寒服用に羊毛が必要とされたからだった。戦後、その需要はなくなって、北海道と長野県では大規模な牧羊事業は消滅した。すると、国内のライバルがいなくなった岩手県では、牧羊がいよいよ盛んになったのだ。

岩手県の「南部鉄瓶」が〝全国区〟になったのはなぜ？

岩手県の名物の一つ、南部鉄瓶。南部は、もともと良質の砂鉄がとれる土地で、江戸時代、南部藩は、京都から職人を呼んで、茶釜をつくらせていた。その後、江戸中期になると、藩のお抱え釜師が、湯釜に口と把手《とって》を付けて、南部鉄瓶のルーツとなるものをつくった。質のよい鉄を使っていたので、湯を沸かしてもカナ気が混じらないと人気を呼び、今に至る名産品になった。

三陸沖でウニがよくとれる地理的理由とは？

岩手県の三陸沖は、寒流（親潮）と暖流（黒潮）が交差する好漁場。マグロ、カツオ、サバ、サンマ、タラなど、多様な魚が水揚げされている。また、ワカメやコンブ、アワビ、ナマコなどの生育にも適した環境で、ウニも豊富にとれる。全国のウニ漁獲量を都道府県別に比較すると、トップの北海道に次いで、岩手県は2位。年間１０９４トン（平成28年）の水揚げを誇る。

ウニがよくとれる理由の一つは、岩手の海底は岩礁が多いため、ウニがよく育つうえ、エサとなるワカメやコンブの生育にも適しているということ。加えて、親潮がワカメやコンブにたっぷりの栄養をもたらし、ウニのエサはきわめて豊富。ウニは雑食性で何でも食べるため、マズいエサを食べて育つと味が落ちるが、岩手のウニはおいしいワカメやコンブを食べて育つため、味も極上になるというわけだ。

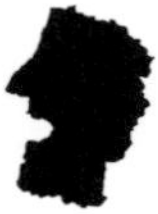

天童市が将棋の駒の95%をつくるようになるまで

山形県の天童市は、将棋の駒の95%をつくっている街。日本一の駒の産地になったのは、江戸末期、２万３０００石の小藩だった天童藩が、武士の内職として駒づくりを奨励したことが発端だった。

元治２年（１８６５）、藩は職人を招き、駒づくりを武士の内職として広めようとした。藩は「将棋は戦術を練るものだから、武士の体面を傷つけない」と奨励、内職をする下級武士が増えたという。そして、明治時代になり、家禄をもらえなくなると、駒づくりにたずさわる元侍がさらに増えることになったというわけ。

山形県が〝果物王国〟になったのにはこんな事情があった

山形県といえば、高級サクランボ「佐藤錦《さとうにしき》」の名産地。むろん、サクランボの収穫量、全国1位の座にある。じつは、山形は、サクランボ以外にも、さまざまな果物がつくられている。サクランボと同様、生産量で全国1位を誇るのが西洋ナシ。ブドウは全国3位、リンゴは4位、桃は5位、柿は10位。果樹以外では、スイカは3位、メロンは4位と、とにかく果物がよく実る県なのだ。

その第一の理由は、もちろん山形の気候にある。山形は雪が降る寒冷地ではあるが、豪雪地帯にくらべると、積雪量はさほど多くはなく、厳寒というほどには冷え込まない。つまり、寒冷地にしては、積雪量も気温も「ほどほど」であるうえ、それでいて昼夜の寒暖差は大きいので果物の糖度が上がり、色づきのいいおいしい果物が育つというわけだ。

群馬県高崎市がダルマの名産地になったのは一体いつから？

ダルマの80％は、群馬県の高崎市でつくられている。高崎市でダルマがつくられはじめたのは、約２００年前のこと。当時、ダルマをつくっていた他の寺の住職がこの寺に赴任し、高崎の農家にダルマづくりをすすめた。

当時、高崎では、浅間山の噴火による飢饉に見舞われ、農家は苦しい生活を強いられていた。そこで、家計を助ける副業として、ダルマづくりが広まることになった。

明治後期になり、赤色顔料が安価に輸入されるようになると、赤ダルマの大量生産がはじまり、高崎のダルマは一気にシェアを伸ばすことになった。

〝粉モン好き〟で大阪と肩を並べる群馬県民の主張

粉モン好きというと、まず大阪人が思い浮かぶが、大阪人に劣らず、群馬県民も粉モン好きだ。たとえば、人口10万人当たりのうどん屋店舗数は、群馬県は通称「うどん県」の香川県に次ぐ2位。また、過去の家計調査では、小麦粉の購入金額で、群馬県の前橋市が全国1位になったこともある。

群馬県で粉モンが好まれるのは、風土によるところが大きい。群馬県は全国で4番目に日照時間が長い県で、その一方、冬はからっ風により乾燥している。それは小麦づくりに適した環境であり、古くから米と小麦の二毛作が盛んに行われてきた。そして、群馬の農家では、とれた米はすべて出荷に回し、小麦を自分たちの主食としてきた。こうして、小麦粉料理は群馬の人たちのソウルフードとなり、食べ方も多様化してきたのだ。

茨城県が芝の栽培で日本一って順当？　意外？

納豆、メロン栽培などで有名な茨城県は、日本一の芝の生産地でもある。茨城県の芝の作付面積は全国1位、2位の鳥取県の4倍以上だから、その差は歴然だ。とりわけ、栽培が盛んなのはつくば市で、県内の8割以上が生産されている。

つくば市の芝づくりは、昭和20年代、長野県からの移住者によってはじめられた。昭和30年代からは、ゴルフブームで需要が高まり、栽培面積が拡大。その後はゴルフ場だけでなく、公園や河川の堤防などに使われるようになり、発展してきた。

近年では、芝は地球温暖化対策用としても利用が広がり、学校やビルの屋上緑化に、つくばの芝が利用されている。

どうして茨城県でクリがよくとれるようになった？

茨城県は、クリの栽培面積、生産量でも日本一だ。茨城のクリは大粒なうえ、糖度が高いことから、栗羊羹や最中《もなか》などの和菓子をはじめ、チョコレートやアイスなどの洋菓子にも用いられている。

茨城県がクリの大産地になった背景には、全国に先駆けてクリ栽培をはじめた人たちの努力があった。クリは縄文時代から食べられてきたが、人工栽培が本格的にスタートしたのは、明治時代も後半の話。その先陣を切ったのは、茨城県の農家・長谷川茂造だった。

明治31年（1898）、長谷川は、自宅近くの林にクリの苗木を植えて、クリ栽培を開始。以降、茨城ではクリ園の経営が広がり、大正〜昭和期に、研究者がクリの接ぎ木法に成功して、農家へ栽培指導を行ったこともあって、飛躍的に生産量を増やすことになったのである。

深谷ネギが全国的なブランドになったキッカケとは？

埼玉県の深谷市は、ネギ生産量で全国トップを誇る街。深谷市では、江戸時代までは、養蚕が盛んだったのだが、繭玉や生糸の値段が暴落したことをきっかけに、ネギ栽培にシフトしたのである。

そもそも、深谷は豊かな水と肥えた土に恵まれた土地であったうえ、大正時代になると、今のＪＲ高崎線が開通して、大消費地の東京に出荷できるようになった。昭和になると、冬の間、野菜生産の少なくなる地域にネギを売りこんで、深谷ネギは全国的なブランドに成長することになった。

じつは、野田は江戸時代から醤油の産地だった⁉

千葉県の野田市が江戸時代から醤油の産地として栄えたのは、水運に恵まれていたことが最大の理由といえる。

19世紀末、幕府は江戸近辺での醤油製造を計画、関西の職人を移住させることにした。その際、産地に選ばれたのが、水運に恵まれていた野田。江戸へ醤油を運ぶにも、原料の大豆や塩を産地から運ぶのにも、野田は便利な土地だった。

そうして寛文元年（１６６１）、醤油醸造がはじまり、以後、醤油の産地として発展。大正時代には「野田醤油株式会社」が設立され、それが後のキッコーマン株式会社となる。

知っているようで知らない〝茶どころ〟静岡の話

日本一の茶の産地、静岡県で茶栽培が本格的にはじまったのは、明治維新以後のこと。静岡茶の栽培は、じつは武士の失業対策からスタートした。徳川幕府が江戸城を明け渡すと、幕臣たちは家康ゆかりの静岡に移ってきた。彼らに生業を与えるため、茶栽培がはじまったのだ。

もともと、静岡県の温暖な気候は、茶栽培に適している。そのため、この〝失業対策事業〟は成功し、静岡は茶どころになったのだ。

浜名湖といえば「鰻の養殖」になった㊙事情

鰻の養殖といえば、静岡県の浜名湖が有名。浜名湖で鰻の養殖が盛んになったのは、環境に恵まれたことが大きい。まず、浜名湖周辺は年間平均気温が15度程度で、鰻の養殖にはぴったりだった。

加えて、この地域では、かつては養蚕が盛んで、カイコのサナギが鰻のいいエサになった。さらに、大消費地である首都圏、京阪神のほぼ中間に位置していたことも、成功をおさめた理由といえる。

富士宮名物として「焼きそば」が人気を博すまで

静岡県富士宮市のご当地グルメといえば、「富士宮焼きそば」。なぜ、富士宮市の名物が「焼きそば」になったのだろうか？

同市には、以前から焼きそば店が各所にあったが、１９９０年代まで、その焼きそばを「富士宮名物」と思う人はいなかった。ところが、２０００年代に入ると、「富士宮焼きそば学会」という市民グループが立ちあがり、メンバーたちは、「焼きそばＧ麺」と称して店舗の情報を集め、焼きそばマップを作成したり、イベントを企画。

それがメディアに取り上げられて、焼きそばは一躍、富士宮名物として浮上することになったのだった。

天城山でワサビ栽培が盛んになった〝背景〟は？

家庭では、ワサビといえば、チューブタイプを使うのが一般的だろう。本ワサビは渓流などで栽培されるため、どうしても値段が高くなってしまうからだ。ワサビ栽培には、水がきれいなだけでなく、9～12度の水温、そして豊富な水量も必要条件となる。

静岡県の天城山《あまぎさん》一帯は、それらの条件を満たす水の流れに恵まれている。ワサビには、いくつかの栽培方法があるが、天城山ではおもに「畳石式」と呼ばれるワサビ田で栽培されている。それは、川底から巨石、玉石、小石、砂利と順番に石の大きさを変える手法で、根茎が大きく育つ分、良質の水をたっぷり供給する必要がある。

天城山付近は降水量が多いうえ、土壌の保水力が高い。そのため、栽培に適した水を豊富に供給でき、畳石式でワサビをすくすく育てることができるというわけ。

甲府市は、いかにして世界屈指の〝宝飾加工都市〟となったか

山梨県は日本を代表する宝石王国。とりわけ、県庁所在地の甲府市は、世界屈指の宝飾加工都市だ。

そのルーツをたどると、水晶細工に行き着く。16世紀後半、甲府の北側で水晶の原石が発見され、以降、甲府周辺では水晶の加工品がつくられてきた。そのなかで、研磨技術が発達し、その技術が他の宝石加工にも活かされたのだ。戦後、本格的にさまざまな宝飾加工がはじまり、急速に発展、今日の繁栄に至っている。

なぜ海のない信州が寒天づくり日本一になれた？

長野県は、寒天の生産が盛んな土地。むろん、寒天の材料はテングサなどの海藻。なぜ、海なし県の長野県で、寒天づくりが盛んになったのだろうか？

その理由は、長野県の気候にある。昼夜の寒暖差が大きく、冬場は夜になると氷点下10度にまで低下する。反面、雪はあまり降らず、乾燥している。そうした気候条件が寒天づくりにはぴったりだったのだ。寒天は、トコロテンを夜のうちに寒気にさらし、日中に乾燥させる。長野県の気候はまさにうってつけなのだ。

岐阜県の関市が刃物の街になった見えざる裏側

岐阜県関市は、刃物の生産で有名な街。関での刃物づくりは鎌倉時代からはじまり、室町時代には「関の孫六」と呼ばれる名工も現れた。関でつくられた刀剣は「関物」と呼ばれ、侍たちの憧れのまとだった。

江戸時代、刀剣の需要が減ると、関では、包丁、小刀、鋏などの家庭用の刃物がつくられるようになり、今に至っている。

県花にするほど富山県とチューリップの関係が深いのは？

富山県は、チューリップの出荷量日本一、県花もチューリップという〝チューリップ王国〟。なぜ、富山で盛んにチューリップが栽培されているのだろうか？

そのきっかけをつくったのは、「チューリップの父」と称される水野豊造という人物。砺波市の農家に育った水野は、大正7年（1918）、カタログで見かけたチューリップの花に惹かれて球根を取り寄せた。翌春には花が咲き、枯れた頃に土を掘り起こしてみると、チューリップの球根が大きくなっていることを発見する。

「水田の裏作に、球根を育てればよい」とひらめいた水野は、本格的に栽培に着手。その後、全国へ球根を出荷し、アメリカへも輸出するなど、現在につながる富山チューリップ王国の礎を築いたのだった。

アルミ産業が富山県で発展した納得の事情

富山県は、日本海側屈指の工業県。とりわけ、アルミ産業が盛んで、アルミ製サッシなど、国内の3割以上のシェアを占めている。

富山県でアルミ産業が盛んになったのは、その風土と関係する。日本はアルミニウムの原料のボーキサイトを海外から輸入し、精錬している。その精錬には、膨大な電力と水が必要だ。富山県には黒部ダムをはじめとする大型ダムが多数あり、電力にも水にも恵まれている。さらに、富山港に大型貨物船が入れることもあって、富山県ではアルミ産業が盛んになったのだ。

メガネフレームの国内生産95％を占める鯖江市の実像

福井県の鯖江《さばえ》市は、メガネフレームの国内生産の95％を占める〝メガネの聖地〟。

鯖江でのメガネづくりは明治38年、〝国産メガネの祖〟と称される増永五左衛門がスタートさせた。

増永がメガネ製造に目をつけたのは、冬期の副業に適していること、加えてメガネが近い将来、日本人の必需品になると考えたからだ。その予測は的中し、鯖江では、農家の二男や三男を中心にメガネ製造に従事することになった。

さらに増永は、品質向上のために「帳場制」を導入した。帳場制は、職人グループが請負の形で生産し、年季があけた者は親方として独立開業するという仕組み。こうして、職人グループが切磋琢磨することで品質が向上し、鯖江はメガネの産地として成長を遂げることになったのだ。

上越地方の雪解けの水によって発展した産業は？

新潟県南部の上越地方は、化学工業とともに歩んできた地域。明治末期から昭和初期にかけて多数の化学工場が設立され、現在も日本を代表する大手化学メーカーが操業を続けている。

上越地方の化学工業は、姫川と関川という二つの河川沿いに発展した。近くの黒姫山の石灰岩を利用して、石灰窒素などをつくる際には、電気分解や電気溶解する必要がある。その電力をまかなったのが、姫川・関川水系に建設された水力発電所だった。雪の多い上越地方では、冬場、大量に積もった雪が春に溶けて一気に流れ出す。前述の富山県と同様、その雪解けによる豊富な水によって電力を安価に供給できたことが、化学工業の発展を後押ししたのである。

糸魚川市の浜辺でなぜかとれるヒスイの謎

新潟県糸魚川市の海岸は、ヒスイを拾える浜として有名。もともと、ヒスイは山でとれるものだが、糸魚川市の浜辺でとれるのは、この川の上流にヒスイの産地があるからだ。

ヒスイの産地は、糸魚川の上流、姫川をさかのぼった明星山麓にある。その地域のヒスイが欠けて破片となり、下流に流されることがある。その破片がいったん日本海に出たあと、糸魚川の浜辺に打ち上げられるのだ。

どうして奈良県の農家数は少ないのか

奈良県は、気候が温暖な県で、かつては農業が盛んな土地だった。江戸時代から戦前にかけては、菜種や綿の大生産地で、スイカの生産量全国1位を占めていた時期もある。

ところが、現在、奈良県は、農家数でも、農地面積でも全国40位台にランクを落としている。

農業県だった奈良県に〝異変〟が起きたのは、昭和30年代、高度経済成長期のことだった。大阪や京都に近いことから、そのベッドタウンとして注目され、宅地化が急激に進み、農地が激減したのである。

また、宅地化が進んで交通網が整備されると、もともと農業をしていた人たちが大阪や京都に通勤できるようになった。そのため、専業農家が減り、兼業農家になったり廃業したりする農家が増えることになったのである。

大和郡山市で金魚の養殖が伝わった経路は？

奈良県の大和郡山といえば、「全国金魚すくい選手権大会」の開催地。金魚の養殖地として有名だが、この地に金魚が伝わった経緯をめぐっては、いくつかの説がある。一つは、元文3年（1738）、郡山藩士の佐藤三左衛門がため池で金魚を発見したという説。あるいは、享保9年（1724）、柳澤吉里が甲府から郡山城に入城したさい、家臣が観賞用に金魚を持参したのがはじまりという説もある。

そもそも、大和郡山は、農業用のため池が多くつくられていた地域で、そのため池にはミジンコなど、金魚のエサになる生物が無数に暮らしていた。金魚の養殖に適した環境がととのっていたのだ。

また、江戸後期、藩の財政が悪化すると、副業として金魚の養殖が奨励された。暮らしのため、藩士たちは養殖に真剣に取り組み、金魚の品種改良を進めた。こうして、大和郡山の金魚の名は全国に広まることになったのである。

和歌山県に家庭用品の製造メーカーが集中している理由

キッチンやバス、トイレで使われるスポンジ類や、各種の掃除グッズ。和歌山県の海南市には、それら家庭用品の製造メーカーが集中している。とりわけ、水回り品に関しては、全国トップのシェアを誇っている。

海南市の家庭用品産業は、「シュロ」を材料としたシュロ産業にルーツがある。シュロは、この温かい地域で古くから栽培されていたヤシ科の常緑高木。江戸時代には、シュロを材料に、縄、網、ほうき、たわしなどがすでに製造されていた。

シュロは丈夫で耐水性もあることから、明治時代には軍事用として需要が高まり、それにともなう形で、中小の工場が増えた。昭和に入ってからは、シュロからヤシの実の繊維や、ビニロンなどの新素材へと変化したが、たわしがスポンジへ、ほうきはブラシへと姿を変えながら、海南市では時代の変化に応じたモノづくりが続けられてきた。それが21世紀にも残る地場産業として定着したというわけだ。

どうして和歌山県といえば、醤油ラーメンなのか

和歌山ラーメンは、全国的には、豚骨醤油系スープで知られるご当地ラーメンのひとつ。ところが、地元では、あっさりした醤油ラーメンもよく食べられている。

そもそも、和歌山県は醤油とかつお節の発祥地。紀伊半島北西部に位置する湯浅町は、「醤油の最初の一滴」が生まれた地として有名だ。一方、かつお節は、17世紀半ば、印南《いなみ》町の漁師が考案し、土佐藩や薩摩藩を通じて全国に製造方法が広まったものだ。

醤油とかつお節、この二つを使ったラーメンスープが生まれたのは、昭和15年のこと。「丸高」という屋台の店主が、かつお節とジャコを醤油で炊いてだしをとり、ラーメンにしたのが、和歌山ラーメンのルーツとされている。

おいしい梅が和歌山県でよく育つ理由

「南高梅」をはじめとするブランド梅の産地として有名な和歌山県。栽培面積、出荷量ともに全国1位を誇ってきた。和歌山県で、梅の生産が盛んになったのはなぜだろうか？

理由の一つは、江戸時代、梅の栽培が藩から奨励されたことにある。県内でも、梅の栽培が盛んなみなべ町や田辺市は、山と海にはさまれ、耕地が少ない土地。そこで、領主の安藤家が、山の傾斜地に梅を植えることを奨励した。そして、収穫した梅に年貢をかけなかったことから、農民たちはこぞって梅を栽培するようになったのだ。

さらにもう一つの理由は、この地域の土壌が梅の栽培に適していたこと。みなべ町や田辺市一帯の土壌は、梅の成長に欠かせないカルシウムを豊富に含んでいるのだ。気候も温暖なことから、おいしい梅がよく育つのである。

河内長野市は、大正時代から爪楊枝生産日本一になった⁉

日本一の爪楊枝の産地は、大阪の河内長野市。同市では、国産品の95%を生産しているのだ。それが、大阪名物のタコヤキ用の爪楊枝にも使われているというわけだ。

この地域では、もともと爪楊枝の材料になる卯木《うつぎ》や黒文字《くろもじ》などの原木が豊富にあった。当初は、その木を切って大阪の製造業者に売っていたのだが、明治初期、自ら爪楊枝をつくりはじめた。一説には、旅の僧侶が河内長野を訪れ、爪楊枝のつくり方を教えたとも伝えられる。その真偽はともかく、河内長野は大正時代にはすでに爪楊枝生産で日本一の土地となっていた。

国産線香の70%を占める淡路島の大疑問

仏壇や墓参りに欠かせない線香。国産線香のうち、約70%は兵庫県の淡路島でつく

品」こそ
宝庫だった!

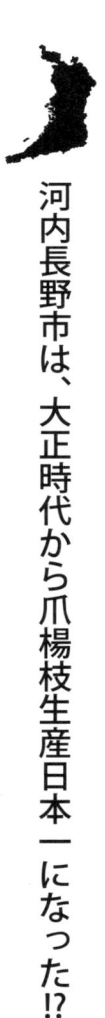

られていることをご存じだろうか。とりわけ、淡路市の江井地区には、多数の線香会社が存在する。島内の土産物店には線香が並ぶなど、線香は島の観光資源としても活用されている。

淡路島で線香づくりが始まったのは、江戸末期の1850年頃のこと。当時、江井の港は廻船業者や漁師たちでにぎわっていたが、冬になると強い西風が吹きつけて、海に出られなくなった。そこで、冬場の内職として、線香づくりがはじまったのである。

線香の製造には乾燥が重要な工程となるが、淡路島は日差しが強いうえ、漁師を困らせた強い西風も、線香の天日干しには大いに役立った。線香の原料となるのは杉の葉の粉だが、江井の廻船業者が全国と商売をしていたので、調達はたやすいことだった。

こうして、冬場の内職としてはじまった線香づくりが土地に根づき、淡路島の一大産業となったというわけだ。

神戸の真珠産業が盛んになったのは六甲山脈のおかげ!?

神戸は、真珠の選別・加工の中心地。神戸で真珠産業が発展した理由は、神戸市の北側に連なる六甲山脈にある。

真珠の選別作業には、安定した明るい太陽光が必要だが、神戸では、六甲山に降りそそいだ太陽光が山肌で反射する。その反射光は安定した光線となり、真珠の選別作業にぴったりなのだ。そこで、多くの真珠業者が六甲山麓に作業場を置き、神戸は真珠産業の拠点となった。

広島で栄養たっぷりのおいしいカキがとれる地理的理由

広島の名産といえば、カキ。単に収穫量が多いだけではなく、味のうえでもおいしいと評判だ。

広島ガキの味の秘密は、広島湾の地形にある。同湾は遠浅なうえ、入り江が多いため、湾内の塩分濃度は０・８～３％と、他の海よりも低い。その塩分濃度がマガキの生育にはぴったりなのだ。また、同湾には、中国地方屈指の川である太田川が流れ込んでいる。中国山地の栄養をたっぷり蓄えた水が流れ込むことで、カキの成長に適した栄養たっぷりの海ができあがるのだ。

〝国産ジーンズ発祥地〟をめぐる知られざる話

今は倉敷市の一部になっている児島地域（旧児島市）。繊維の町として発達してきたこの街は、国内で初めてジーンズがつくられた〝国産ジーンズ発祥地〟として有名だ。

児島周辺は、かつて瀬戸内海に浮かぶ島だった。江戸時代、浅瀬を干拓して本州と陸続きになったが、干拓した新田は塩分を含むため、すぐには米づくりができない。そこで、塩分に強い綿花の栽培が盛んになった。

それがきっかけとなって、明治時代、撚糸業が興り、やがて一帯には紡績、染色など、繊維に関する多様な業種が集まった。関東大震災以降、衣類の洋風化が急激に進むと、児島は学生服の一大産地となった。

児島の和製ジーンズは、そうした長年の衣類製造で培った裁断・製法技術を活かして生まれたものだった。

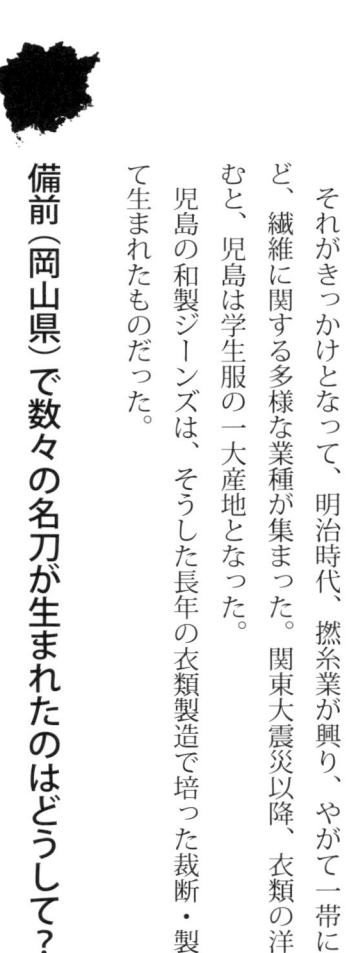

備前（岡山県）で数々の名刀が生まれたのはどうして？

岡山県の長船《おさふね》地区（旧・長船町、現・瀬戸内市）は、鎌倉時代から刀鍛冶で栄え、多数の名刀を生み出してきた地。備前長船でつくられた刀は「備前刀」と呼ばれている。備前が刀剣の聖地として長く隆盛を保つことができたのは、次のような条件がそろっていたからといえる。

まず、中国地方にあって、日本刀の素材となる良質な砂鉄が手に入りやすかったこと。加えて、鍛刀に必要な火力を生み出す木材が、付近に豊富に自生していたことにある。

また、吉井川の河口に位置しているため、吉井川の水運に加え、瀬戸内海にも近いことから海運を利用できたうえ、東西には山陽道があり、交通の便にも恵まれていた。それらの好条件が重なったことから、名刀の里として発展したのである。

ヤマタノオロチ伝説の斐伊川流域が砂鉄の産地になったワケ

島根県の出雲地方は古代からの砂鉄産地で、ヤマタノオロチ伝説で有名な斐《ひ》伊《い》川《かわ》流域では、5～6世紀には、すでに大規模な砂鉄製鉄がはじまっていた。出雲地方で砂鉄がとれるのは、斐伊川の上流域が黒雲母や花崗岩などの風化地帯であるため。そうした地帯では、砂鉄を多くとれるのだ。

また、製鉄用の燃料として、昔は大量の木材が必要だったが、斐伊川上流部は樹木にも恵まれた地域であり、製鉄発展の条件がそろっていたのだ。

真珠の生産量で全国トップが愛媛県って本当？

明治26年、ミキモトパールの創業者、御木本幸吉が、三重県の鳥羽市で、世界初の真珠の養殖に成功した。そこから、真珠の産地といえば三重県というイメージが強いが、現在の生産量トップは三重県ではなく、愛媛県である。平成27年の真珠生産量では、愛媛県は７７２４キロで全国１位、２位が長崎県で６６５０キロ、三重県は３位の４３７５キロとなっている。

愛媛県の真珠養殖は、明治40年、南宇和郡愛南町の小西左金吾によって、アコヤ貝の購入事業がはじまり、大正４年には、核をアコヤ貝に挿入して真円真珠を産出することに成功した。

本格的な養殖が行われるようになったのは、先進県の三重から養殖業者が進出した昭和30年代以降のことだ。養殖業者の努力や技術革新によって、昭和53年、愛媛の真珠は生産量・取引量ともに全国トップの座を獲得したのである。

今治がタオルで有名になったのは、そもそもどうして？

愛媛県の今治市は、タオルの生産で日本一の街。タオル生産が盛んになったのは、良質の地下水に恵まれていたことが第一の理由といえる。

今治では、江戸時代中期から、白木綿の生産が始まった。市内を流れる伏流水で木綿を漂白すると純白になった。その品質のよさが評判を呼び、名産品となったのだ。その後、白木綿の人気が落ちると、明治27年（１８９４）頃からタオル生産が始まる。戦後の物不足の時代に好景気となり、昭和35年（１９６０）には日本一のタオル産地に。今は、高い技術力を武器に、高級タオルに特化、ブランド化を進めている。

地中海原産のオリーブが小豆島の名産になるまでの物語

小豆島（香川県）の特産品といえば、オリーブ。島内の至るところにオリーブの木が植えられ、国産オリーブの生産で全国の9割のシェアを誇る。

もともと、外国の木であるオリーブが小豆島にもたらされたのは、明治41年（1908）のこと。当時の農商務省が三重、鹿児島、香川の3県に、輸入した苗木を試験的に植えた。その3県のうち、オリーブが根づいたのは、小豆島だけだった。

オリーブ栽培には、原産地である地中海地方のような気候条件が必要になる。具体的にいうと、年間2000時間に近い日照時間、年間の平均気温が14〜16度という温暖な気候、さらに年間1000ミリ程度の適度な降水量が必要条件だ。また、着花させるには1月の気温が10度以下であることが望ましい。

それらの条件をほぼ満たしている〝地中海性気候〟の島が、瀬戸内海に浮かぶ小豆島だったというわけだ。

どうして香川県は松盆栽で圧倒的なシェアを誇るのか

香川県は、自ら「うどん県」と名乗るなど、讃岐うどんのイメージが強いが、じつは松盆栽の大産地であることをご存じだろうか？　県内でも栽培が盛んなのは、高松市の鬼無町と国分寺町。この2町だけで、松盆栽の全国シェアの80％を占めているのだ。

高松市で盆栽づくりがはじまったのは、約２００年前の文化年間（１８０４〜１８１８）のこと。人々が山から黒松を伐ってきて、盆栽に仕上げたのがはじまりだという。

２町一帯は土壌が花崗岩で、水はけがよいことから、もともと松の栽培に適した地だったのだ。

それが大きく飛躍するきっかけは、明治時代、国分寺町の末澤喜市が、黒松の園芸品種である錦松《にしきまつ》の接ぎ木に成功したことだった。末澤は、その技術を独占することなく、普及に努め、２町の盆栽づくりは発展し、生産量が大きく伸びることになったのである。

丸亀市で年間1億本もつくられている「うちわ」の謎

香川県丸亀市は、県内でも讃岐うどんの名店が多い土地。ただし、丸亀の名物はうどんだけではない。当地では「丸亀うちわ」が年間なんと1億本もつくられているのだ。

丸亀でうちわがつくられはじめたのは、江戸時代のこと。愛媛の竹、高知の和紙、徳島の糊など、うちわの材料を近隣から調達し、金毘羅参りの土産として、朱色に丸金印のうちわをつくったのがはじまりで、それが全国へ広まることになった。

現在、つくっているうちわの多くは、企業が販売促進のために配る安価な品。そのため、プラスチック製の骨に機械で紙を貼る方法が主流になっている。一方、国伝統工芸品に指定されているうちわは、昔ながらの技法によって竹で骨を組み、それに手漉き和紙を貼って仕上げるという手仕事によってつくられている。

カツオのとれない地域がなぜ「花かつお」の産地になった？

冷奴のトッピングや料理のだしに重宝する削り節。かつお節を薄く削ったもので、「花かつお」とも呼ばれる。その生産地として知られるのが、愛媛県の伊予市だ。市内には、「ヤマキ」「マルトモ」という二大メーカーが工場を構え、この2社だけで花かつおの全国生産量の約2割のシェアを占めている。

「花かつお」の名づけ親は、伊予市出身の海産物商・岡部仁左衛門。従来の削り節の機械に改良を加え、大正5年に「花かつお」という商品名で売り出した。

その翌年には「ヤマキ」、大正7年には「マルトモ」が創業し、花かつおを売り出したが、発売当初の花かつおは「カツオ」の削り節ではなかった。そもそも、瀬戸内海では削り節の原料となるカツオが豊富に獲れない。だから、この地の削り節は、昔からアジ、サバ、イワシなど近海で獲れる魚を原料としていたのである。

本物のカツオを使うようになったのは、昭和45年のＪＡＳ規定で、花かつおと名乗れるのは、原料にカツオとソウダガツオを使ったものに限られてからのこと。今では、カツオを使った「花かつお」を生産している。

ジャパンブルーと称される「藍」と徳島県の関係は？

「JAPAN BLUE」と称される日本の藍。草木染の一種「藍染め」は、藍の葉を乾燥・発酵させた天然染料で染めたもので、なかでも徳島の藍は「阿波藍」と呼ばれ、色合いの美しさで知られている。

徳島での藍の栽培は、県内を東西に流れる吉野川流域で行われてきた。吉野川は大雨が降るたびに氾濫を繰り返す暴れ川だったが、その洪水によって中・下流域に肥沃な土が運ばれ、藍の栽培に適した土壌をもたらした。

そもそも、朝鮮半島から日本に木綿が伝わったのは、中世後半から近世にかけてのこと。それで、庶民の衣料の素材が麻から木綿に変化し、木綿の染料に阿波藍が適していたことから、江戸時代、阿波藍の栽培が盛んになったのだ。

スイカを熊本名産に押し上げた意外な戦略とは？

熊本県では、温暖な気候を利用して、さまざまな野菜や果物が生産されている。なかでも、スイカの生産量は全国ナンバーワン。スイカは、昼夜の温度差が大きいほど糖度が増し、熊本県内のスイカ栽培が盛んな土地は、その条件にぴったり当てはまる。同県では、昭和30年代からはビニールハウスが導入され、スイカ栽培に拍車がかかる。ハウス栽培によって人工的に昼夜の温度差をつくることで、甘いスイカを安定してつくれるようになったのだ。

夏のイメージが強いスイカだが、熊本県のスイカは5月頃に出荷のピークを迎える。実はこれ、熊本県をスイカの特産地にするための戦略の一環。農協では、出荷時期を早めることで、熊本県産スイカの特色を出したのだ。この戦略が見事当たって、今では熊本の名産といえば、スイカといわれるまでになっている。

大分に「唐揚げ店」が立ち並んでいるのはなぜ？

大分県のB級グルメといえば「唐揚げ」。なかでも「中津唐揚げ」は全国的にも有名で、唐揚げファンの間では、中津は〝唐揚げの聖地〟と呼ばれているほど。じっさい、同市内には、唐揚げ専門店が立ち並び、大勢の客でにぎわっている。

中津をはじめ、大分の唐揚げは、ニンニクやショウガなどを加えた醤油ベースのタレに漬け込んだ濃いめの味付けが特徴。冷めてもおいしく、ご飯がすすむ。

「聖地」の中津に対して、「元祖」を名乗るのが、宇佐市である。たしかに、宇佐市は、大分の唐揚げの味を生んだ街。昭和30年代、宇佐市の中国料理店「来々軒」が昼定食に唐揚げ定食を出したところ、大ヒット。その後、この店で唐揚げづくりを学んだ料理人が「庄助」という唐揚げ専門店をオープン。そうしたことがきっかけになって、市の内外に唐揚げ店が増えはじめたのである。

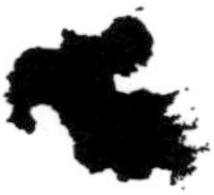

大分のシイタケの質の高さを支えているものとは？

大分県の特産品の一つにシイタケがある。全国生産量の約半分を占めている。質の高さでも知られ、平成29年の「全国乾椎茸品評会」では、団体の部で優勝。当大会で19回連続優勝という記録を継続している。量・質ともにシイタケ日本一の大分だが、その背景にはシイタケ栽培に適した気候条件に加え、シイタケの原木となるクヌギ林が広がっているということがある。

自然環境を活かし、江戸時代初期からシイタケ栽培が行われてきた大分には、シイタケにまつわるこんな伝説が伝わっている。寛永年間、千怒浦《ちぬうら》（現在の津久見市）の源兵衛は、炭焼きで生計を立てていた。ある日、炭焼き用の材木にシイタケが生えているのを見つけた源兵衛は、ナタで木に傷をつけ、シイタケの胞子が自然に着くのを待つ「鉈目式」という人工栽培を思いついた。自然発生したシイタケを収穫するよりなかった時代からくらべれば、鉈目式の登場は画期的だった。そうして、大分のシイタケ栽培がスタートしたのである。

どうして九州には焼き物の産地が多いのか？

伊万里焼に有田焼、唐津焼など、九州北部の焼き物の産地は、豊臣秀吉の朝鮮出兵以後に開かれた。

朝鮮出兵まで、焼き物の産地といえば瀬戸や美濃地方だったが、朝鮮に出兵した大名たちが、半島から陶工を連れ帰り、九州北部で開窯させた。そして、朝鮮から技術移転された新たな焼き物の産地は、瀬戸物や美濃焼といった古くからの産地を追い抜くほどに発展したというわけだ。

Column 1 日本人の9割が知らない秘密の地理ネタ①

日本で駅間がいちばん短いのは？

高知県を走る「とさでん交通」後免線の一条橋駅と清和学園前駅の間は84メートルしかない。体感では、走りはじめてから、到着するまで10秒くらい。

国道で最長の直線コースは、どこ？

日本の国道のうち、最長の直線コースは、北海道の札幌市と旭川市を結ぶ国道12号線にある。美唄市光珠内と滝川市新町の間に、29キロにおよぶ直線道路が続くのだ。

「道の駅」が1か所しかない都道府県は？

東京都。八王子滝山（八王子市滝山町）1店舗しかない。一方、道の駅がいちばん多いのは北海道の122店。次いで、岐阜県の56店。

「○○富士」は、日本にいくつあるのか？

全国各地に「○○富士」と呼ばれる山がある。その数は、数え方にもよるが、３２０座から３４０座はあるとみられている。

日本最南端のスキー場（天然雪）は？

宮崎県五ヶ瀬町には、五ヶ瀬ハイランドスキー場という、日本最南端に位置するスキー場がある。標高１５００メートルを超える山岳地帯にあるので、雪量はたっぷり。ただし、近年、利用客数が減少して、廃止も取り沙汰されている。

日本一名前の長い川は？

北海道足寄町を流れる「六百三十七点沢川」。漢字で8文字、ひらがなにすると「ろっぴゃくさんじゅうななてんさわがわ」で、18文字になる。

市の数が最も少ない都道府県は？

鳥取県には、鳥取市、倉吉市、米子市、境港市の4市しかない。続いて少ないのは、島根県、徳島県、香川県の8市なので、鳥取県はその半分しかないことになる。一方、最も市が多い都道府県は、埼玉県の40市。以下、愛知県の38市、千葉県の37市と続く。

政令指定都市以外で、いちばん人口が多いのは？

千葉県船橋市の約63万人。次いで、鹿児島市（約59・9万人）、埼玉県川口市（約57・8万人）、東京都八王子市（約57・7万人）と続く。なお、政令指定都市の条件は、人口50万人以上で、現在20市が指定されている。

日本一面積の小さい自治体は？

富山県の舟橋村で、3・47平方キロ。なお、いちばん狭い「町」は、大阪府の忠岡町で、4・03平方キロ。いちばん狭い「市」は埼玉県の蕨市で、5・1平方キロ。

都道府県で、最も〝長い〟のは？

ひっかけクイズっぽくはなるが、東京都。地続きではないが、日本最南端の沖ノ鳥島も東京都なので、都内から同島まで、1700キロ以上もある。

47都道府県の名前のうち、最も多く使われている漢字は？

「山」で、6県。次点は「島」で5県。続いて「川」と「岡」の3県。

日本に一字の名前の市はいくつある？

旭市（千葉県）、柏市（埼玉県）、蕨市（同）、燕市（新潟県）、関市（岐阜県）、津市（三重県）、堺市（大阪府）、光市（山口県）、萩市（山口県）、呉市（広島市）の10市。

日本一長い市名は？

意外と短く、かすみがうら市（茨城県）、つくばみらい市（茨城県）、いちき串木野市（鹿児島県）の7字が最長。ひらがなにして長いのは、南九州市の9文字。

3　「乗り物」をめぐって、そういう裏話があったのか！

仙台空港はなぜ仙台市にはないのか

宮城県の仙台空港は、ＪＲ仙台駅から南へ14キロほど行ったところにある。そこは仙台市内と思われがちだが、実際には空港の敷地は宮城県の名取市と岩沼市にまたがっている。

仙台空港の前身は、昭和8年（１９３３）設立の仙台飛行場。日本陸軍飛行学校の練習用飛行場としてつくられたもので、当時は仙台市街地の南東にあった。ところが、日中戦争がはじまると、手狭になり、昭和15年、現在の場所に移された。

戦後、米軍に接収されていた時代を経て、昭和31年、防衛庁と運輸省（当時）の共同使用の飛行場となり、昭和39年、「仙台空港」へと改称された。つまり、戦前は仙台市内にあった軍の飛行場が他の市に移転され、戦後、民間用の空港となってからも、仙台の名を受け継がれたというわけだ。

新宿駅から〝遠く〟離れたところにある西武新宿駅の謎

西武鉄道の西武新宿駅は、ＪＲ線、京王線、小田急線などが集まる新宿駅からずいぶん離れていて、たとえば新宿駅の南口からだと徒歩で10分以上もかかる。そんな離れた場所に駅をつくったのは、西武鉄道が当初、この駅を仮の駅と考えていたからだ。

現在、西武新宿駅を起点・終点とする西武新宿線は、かつては高田馬場が起点・終点だった。昭和23年、新宿までの延伸が決まるが、終戦直後のことであり、新宿駅東口の再開発を待って正式な駅をつくることにした。当面は、今、駅がある場所に仮駅をつくって、しのぐことにしたのだ。

やがて、新宿東口に駅ビルを建設する計画が決まり、西武鉄道はそのビル内に線路を引き込み、駅をつくるつもりでいた。ところが、昭和39年、駅ビルが完成したとき、誤算が生じた。駅ビルのホームは6両編成分の長さしかとれなかったのに、西武新宿線はすでに10両編成で走っていたのだ。

結局、駅ビルへの乗り入れ計画は中止となり、現在の場所に10両編成用のホームを備えた駅ビルを建設することになった。駅ビルは昭和52年（１９７７）に完成、それが現在の西武新宿駅というわけだ。

どうして品川区にあるのに目黒駅？

ＪＲ山手線、東急、東京メトロ、都営地下鉄が乗り入れる目黒駅。その所在地は目黒区ではなく、品川区だ。なぜ、そうなったのだろう？

じつは目黒駅が生まれた頃には、まだ目黒区も品川区もなかった。山手線の目黒駅が開業したのは明治18年（１８８５）のことで、当時の東京は15区6郡制の時代。目黒区も品川区も存在せず、目黒駅のある場所は荏原《えばら》郡大崎村だった。そんななか、近くに目黒不動尊や目黒川などがあることから、目黒駅と名づけられたようだ。

その後、大崎村は大崎町を経て、昭和7年（１９３２）、品川区の一部になる。つまり、目黒駅が先にあり、その地がたまたま何十年もあとに品川区になったのだ。

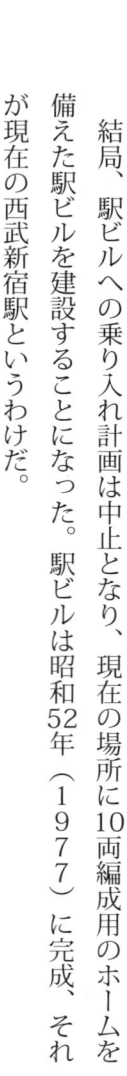

なぜ23区のうち、目黒区にだけ都バスが走っていない？

東京都の公営バスである都バスは、東京都区部と青梅市をおもな営業エリアとしている。当然、23区全域を走っているかというと、平成25年以降、目黒区内では運行していない。東98系統（東京駅南口―世田谷区等々力）と、宿91系統のうち京王井の頭線新代田駅―駒沢陸橋が廃止となり、目黒区を走る都バスはなくなったのだ。

都バスが目黒区から撤退したのは、むろん利用客が減ったから。目黒区内では道路渋滞は慢性化していて、バスはたえずノロノロ運転である。バス離れがどんどん進み、都バスの路線は廃止されたり、短縮化が進んだりして、ついには消えたのだ。

東京23区でJR駅のない区ってある？

東京23区のうち、文京区、目黒区、世田谷区、練馬区の4区には、JRの駅がない。

私鉄や地下鉄の駅は多数あるのだが、ＪＲの駅は一つもないのだ。

なお、東京ドーム前の水道橋駅は、文京区と思われがちだが、区境である神田川の南側にあるため、住所は千代田区三崎町。また、前述の通り、目黒駅も、目黒区と品川区の境付近にあって、住所は品川区大崎である。

渋谷区では、なぜ一番上を地下鉄が走っているのか

東京メトロの銀座線は、地下鉄であるにもかかわらず、渋谷駅付近では、山手線や東急東横線より高いところを走っている。なぜだろうか？

１９３８年、銀座線の渋谷駅が開業された当時、付近はまだ田園地帯だった。そこに、３階建てのデパートが建設され、地下鉄がそのデパートに直接乗り入れるという計画が立てられた。また、すでに運行していた山手線や東急電鉄との接続がうまくいくように、新しいデパートの上に、高架駅として設計されたのである。

いまさら聞くに聞けない山手線の駅名の由来一覧

都内を走る山手線の駅名の由来をいくつか紹介すると、

・原宿――相模から奥州へ通じる街道の宿場だった。

・代々木――井伊家の屋敷内（現在の明治神宮）にあったモミの〝木〟が、〝代々〟受け継がれてきたことに由来するという。

・浜松町――元禄時代に名主だった権兵衛の出身地、静岡の浜松に由来する。

・田町――「田畑」が「町屋」に変わり、江戸市中に編入されたことから。

・大塚――古代の豪族の〝大きな塚〟があったことに由来。

・駒込――古代、馬（駒）を放牧する牧場があったことに由来。

・田端――石神井川から水を引いた〝端の田〟という意味。

東京駅で、京葉線のホームだけがやけに遠くない？

東京駅のなかでも、京葉線のホームは、乗り換えが不便だとして悪評が高い。京葉線沿線には東京ディズニーリゾート、幕張メッセなど集客力の高い施設があり、船橋市、浦安市、千葉市の人たちが通勤・通学にも多く利用している。そのわりには、東京駅の山手線や中央線、さらには新幹線のホームからも遠く離れていて、しかも地下4階と深い場所にある。

じつは、東京駅にある京葉線のホームは、もとは成田新幹線のホームにする予定だったもの。昭和53年（1978）の成田空港開港に伴い、東京駅と空港とを結ぶ新幹線を走らせる計画があり、東京駅では先行してホームをつくっていた。ところがその後、沿線住民の反対などにより、新幹線計画は頓挫し、成田新幹線専用ホームは、日の目を見ずに終わったのだった。

そんななか、京葉線の開業計画がスタートする。京葉線はもともとは貨物輸送用の路線だったが、それを旅客用に転用することになったのだ。昭和61年、営業がスタート、当初は西船橋駅―千葉貨物ターミナル駅（現在は廃駅）間の運行だったが、平成2年に東京駅―新木場駅間が開業し、現在の京葉線となる。

そのとき、東京駅は成田新幹線のホームを流用することになったので、東京駅の〝中心地〟からは遠い場所から発着することになったのだ。

京浜東北線に「上り」と「下り」がない深い理由

京浜東北線は、埼玉県の大宮駅と、神奈川県の大船駅を結ぶ路線。ただし、京浜東北線というのは通称で、正式には大宮―東京間は東北本線、東京―横浜間は東海道本線、横浜―大船間は根岸線の一部。それを「京浜東北線」とひとまとめに呼んでいるのだ。

一方、電車の「上り」や「下り」は、東京駅に向かうか、離れるかで決まる。すると、東北本線と東海道本線は、いずれも東京駅を起点にし、東京駅から大宮駅に向かう電車も、東京駅から大船駅へ向かうも「下り」としている。すると、その別称である京浜東北線はどちらも「下り」ということになる。そこで、京浜東北線では「上り」「下り」という呼び方ではなく、ＪＲ内では「北行《ほっこう》」「南行《なんこう》」という言い方をしている。

東京湾の真ん中あたりにある「海ほたる」は何県に所属？

「海ほたる」は、東京湾アクアラインのちょうど中央あたりに設けられたパーキングエリア。

東京湾の真ん中に浮いたような人工島だが、ちゃんと住所がある。「千葉県木更津市中島地先」だ。東京都や神奈川県ではなく、千葉県になったのは、東京湾にも県境があるからだ。海ほたるは、千葉県側に位置するため、その住所は千葉県となったのだ。

都内にあるバス停「東京炭鉱前」の歴史をひもとくと……

東京都青梅市には、「東京炭鉱前」というバス停が存在する。

「青梅市史」によると、同市内では、東京炭鉱という炭鉱が昭和10年（1935）から操業し、泥炭を採取して、近所の工場や家庭に販売していた。ところが、戦後、プロパンガスの普及におされ、昭和35年に閉山に追い込まれたという。

それからでも、60年近くたっているが、今もバス停にはその名が残っているというわけ。

「聖蹟桜ヶ丘」の「聖蹟」ってなんのこと？

京王電鉄京王線の聖蹟桜ヶ丘駅は、大正14年開業の駅。当初の名は現在と違って、駅の所在地から「関戸」だった。それが今の名になったのは、昭和12年のこと。

「聖蹟」とは、天皇が行幸した土地を指す。駅の南東にある丘陵地は明治天皇の御狩場に指定されており、明治天皇はしばしばこの土地を訪れた。そこから、昭和5年、かつて明治天皇が行幸されたことを記念して、駅近くに「多摩聖蹟記念館」が設けられた。

記念館ができると、多くの人が明治天皇を偲んで訪れ、駅名も記念館にちなむ「聖蹟」に、駅周辺が桜の名所だったことから「桜ヶ丘」をつけて、「聖蹟桜ヶ丘」と名づけたのだった。

神奈川県にある「踊場駅」で踊っていたのは一体誰？

横浜の市営地下鉄には「踊場」という名の駅がある。近くのバス停にも「踊場」がある。この踊場で、踊っていたのは人間ではなく、〝猫〟だったと伝えられる。

昔、この地で、３匹の猫がまたたびを食って酔っぱらい、踊りはじめたという。そんな猫伝説から、この地は「踊場」と呼ばれるようになった。その「踊場」駅前の通りには、猫供養の念仏塔までが建てられている。また地下鉄の「踊場」駅構内の天井や階段の手すりには、猫のイラストが描かれている。

JR鶴見線の駅名ってやけに「人の名前」っぽくない?

JR鶴見線は、横浜市鶴見区の鶴見駅と京浜工業地帯を結ぶ路線。路線距離7キロの本線と1・7キロの海芝浦支線、1キロの大川支線からなる短い路線だが、駅名がちょっと変わっている。実在の人物の名にちなむ駅名が並んでいるのだ。

そのそもそもの理由は、この路線が埋立地につくられ、もともと地名がなかったことにある。鶴見線はもとは鶴見臨港鉄道という私鉄で、大正時代に浅野財閥の創設者・浅野総一郎が開業した。浅野は、土地を埋め立てるにあたって、財界人に出資を募った。埋立地で、もともと地名がなかったため、出資者への感謝の気持ちから、彼らの名にちなむ駅名をつけたのだ。

鶴見駅から二つ目の「鶴見小野」は、駅付近の大地主だった小野信行の名から。

「浅野」は鉄道の創設者・浅野本人から。「安善」は安田財閥の安田善次郎から、「武蔵白石」は日本鋼管の初代社長・白石元治郎から、「大川」は大川財閥の大川平三郎の名からとっている。

リニアモーターカーの実験線に山梨県が選ばれたワケ

完成すれば、東京―大阪間を約1時間で結ぶ予定のリニア中央新幹線。現在は山梨県に実験線が敷かれているが、以前は宮崎県に実験線があった。宮崎県での実験は昭和52年（1977）から実験が始まり、平成8年（1996）に終了した。山梨県の実験線は、その後を継いでつくられたものだ。

当初、新しい実験線の候補地には、山梨県以外に北海道や宮崎県も挙がっていた。最終的に山梨県に決まった理由の一つは、山梨県なら将来開業するリニア中央新幹線のルートに組み込めるからだ。候補地のなかで、東京―大阪間にあるのは山梨県だけで、途中のルートに組み込めば、実験終了後もそのまま使えるので無駄がない。

もう一つの理由は、山梨県の地形が実験地として適していたからだ。リニア中央新幹線のルートには山間部が多く、トンネルや勾配のあるコースでの実験が欠かせない。その点でも、やはり山梨県が適していると判断されたのだ。

駅名は「燕三条」、インターチェンジ名は「三条燕」!?

北陸新幹線の新潟駅と長岡駅の中間あたりに、「燕三条」という駅がある。一方、燕三条駅のすぐ近くには、北陸自動車道の「三条燕」というインターチェンジがある。駅とインターチェンジで、名前が反対なのは、燕市と三条市、双方の顔を立てた結果といえる。燕三条駅で「燕」が先に来るのは、駅の所在地を三条市に譲ったから。燕三条駅は、燕市と三条市をまたぐ形で駅舎がつくられている。その際、駅長室を三条市側に置いたため、所在地は三条市となった。代わりに、三条市は、燕が先に来る駅名を認めたのだ。

その後、駅名が燕三条ということで、インターチェンジ名は三条燕となった。そして、名前を三条市に譲ったことで、インターチェンジの所在地は燕市にされた。

昔から、三条市は金物の町、燕市は洋食器の町として知られる。業種が近いだけに、お互いをライバル視する傾向が強い。駅とインターチェンジをつくるにあたって、両市の間に争いの種が生じないよう、このような配慮が重ねられたのだ。

松本と糸魚川を結ぶ路線が、なぜ「大糸線」？

長野県の松本駅と新潟県の糸魚川駅を結ぶ路線名は「大糸線」。ＪＲの路線は、両端の都市名から命名するケースが多いが、「松糸線」とならず、「大糸線」となったのは、途中にある「信濃大町」駅の「大」を取ったから。

着工が決まった昭和初期は、信濃大町と糸魚川を結ぶ予定だったので、両駅の1文字ずつをとって「大糸線」と命名されたのだ。

何度も駅名を変更してきた「関大前駅」のナゾ

大阪府にある阪急電鉄千里線の関大前《かんだいまえ》駅は、日本一駅名が変わった駅として知られる。開業は大正10年、当時は北大阪電気鉄道の駅で、駅名は花壇前駅。駅近くにある遊園地、千里山花壇にちなんだもので、昭和13年、遊園地が千里山遊園地と改称したことで、駅名も千里山遊園駅に改称する。

その後、太平洋戦争が起こると、戦時下に「遊園」という名は不謹慎とされ、昭和18年、千里山厚生園に改称、駅名も千里山厚生園駅となる。戦後、千里山遊園地の名が復活すると、駅名も千里山遊園駅に戻る。

ところが、昭和25年、千里山遊園地が廃園になり、跡地に女学院をつくることになったので、女学院前駅に改称。しかし、女学院構想は流れ、代わりに関西大学外苑（現在の関西大学第一中学校・高等学校）が開校、女学院前駅を廃止し、花壇町駅とした。

この花壇町駅と隣駅の大学前駅は距離が４００メートルしかなかったので、昭和39年に両駅を統合し、両駅の中間に新駅をつくることになった。それが現在の関大前駅で、当初の花壇前駅は６回の改称を経て、関大前駅となったのだ。

どうして平城京跡のなかを平気で電車が走っているの？

平城宮といえば、奈良時代の都・平城京の大内裏《だいだいり》。その平城宮跡は平成10年、「古都奈良の文化財」として、東大寺などとともに世界遺産に登録された。

そんな平城宮のなかを、なんと電車が走り抜けている。近鉄奈良線が平城宮跡を横断するかたちで走っていて、乗客は車窓から復元された朱雀門や大極殿（正殿）を間近に見ることができる。

これは、奈良線が開業した頃、平城宮跡がほとんど顧みられていなかったからだ。平城京は７８４年に長岡京に遷都されると、以後ほとんど野放し状態で、やがて農地となっていた。その地がかつての平城京と認識され、保存活動がはじまるのは、大正時代に入ってからのこと。大正2年、奈良大極殿址保存会が発足、大正10年には平城宮跡の中心部を民間人らが買い取り、国に寄付、翌11年には国の史跡に指定された。

だが、時すでに遅しで、明治39年には、近鉄の前身・大阪電気軌道が用地を買収、大正３年に奈良線が開通していた。平城宮の整備事業はその後に進められたため、平城宮跡のなかを電車が横断することになったのだ。

神戸に総距離１８７メートルの国道が誕生するまで

神戸港へと続く国道１７４号線は、日本一短い国道で、長さがわずか１８７メートルしかない。なぜ、こんな短い道路が国道に指定されているのだろうか？

それは、この道が神戸港へと続く重要な道路だから。物資輸送の要であるため、距離には関係なく、国道に指定され、しっかり整備されてきたというわけ。

「三宮」と「三ノ宮」、駅の表示が二つあるのはなぜ？

神戸の繁華街・三宮の表記には、「三宮」と「三ノ宮」が混在する。ＪＲは「ノ」を入れて「三ノ宮」としているが、阪急や阪神の駅は「三宮」なのだ。

最初にできたのは、ＪＲの「三ノ宮」駅のほう。カタカナの「ノ」を間に入れたのは、駅名を読みやすくするためとも、登記上の地名を採用したためともいわれている。

その後、ＪＲ以外のほかの鉄道会社は、「三宮」と表記した。これは、すでにあったＪＲ「三ノ宮」駅と区別するためだったという。

人口最小県の鳥取に空港がなぜ二つもあるのか

鳥取県といえば、日本でいちばん人口の少ない県。２０１８年4月現在の推計は56万人余りしかない。それなのに、鳥取県には「鳥取砂丘コナン空港」「米子鬼太郎空港」の愛称で知られる、二つの空港がある。

人口が900万人いる神奈川県や700万人いる埼玉県、関西でも人口が260万人いる京都府だって空港がない。それなのに、鳥取県に二つも空港があるのは、一つには、鳥取県が東西に長い県で、鳥取市、米子市という二大都市が県の東西にあって、100キロ近くも離れているからだ。空港が一つしかないと不便なので、それぞれの都市に住む人が利用しやすいように、空港を一つずつつくる必要があったのだ。

そもそも、戦前、米子に海軍の飛行基地があったことも関係している。戦後は、自衛隊の「美保飛行場」として自衛隊の飛行場になり、それを民間活用したのが米子空港だ。大阪・伊丹への定期就航は、昭和33年に始まり、県庁所在地である鳥取市よりも早くから、定期便が飛んでいたのだ。

一方、鳥取市には昭和32年から小型空港が運用されていたが、現在の地に本格的な空港ができたのは、昭和42年のことだ。

山口県にある全長32キロの私道は誰の持ちモノ？

日本一長い私道は、全長31・94キロもある。

宇部興産専用道路（宇部興産　宇部・美祢《みね》高速道路）という道路で、山口県宇部市の宇部興産宇部セメント工場と、美祢市にある宇部興産伊佐セメント工場を結んでいる。

宇部興産がこの私道をつくったのは、伊佐鉱山で採取される石灰石や伊佐セメント工場でつくったセメントの半製品クリンカーを宇部セメント工場や宇部港へ運ぶため。その一方、宇部港に陸揚げされた燃料用の石炭などを、伊佐セメント工場に運んでいる。運搬には40トン積みトレーラーを2両連結した、ダブルストレーラーが使われる。

この私道は昭和42年に着工、完成したのは昭和50年のこと。それまで宇部興産では貨物の運搬に国鉄の美祢線を使っていたのだが、当時、国鉄が頻繁に値上げをしたうえ、さらにはストライキも多発。宇部興産は、それを嫌って私道をつくったのだ。

全国で唯一電車が走っていない徳島県の話

徳島県は現在、全国で唯一、「電車」が走っていない県。徳島県にはJR四国の徳島線や鳴門線などが走っているのだが、それらはすべて軽油で走る気動車《ディーゼルカー》。電気で走る「電車」は、徳島県では1本も走っていない。だから、徳島県の線路には、架線はいっさいない。

徳島県に電車が存在しない理由の第一は、費用対効果が低いからといえる。香川県の高松駅から徳島駅方面を結ぶ徳島線は徳島県内の幹線だが、そのルートとて、徳島市以外に大きな都市はない。しかも、高松駅—徳島駅間は、距離が75キロほどしかない。ディーゼル特急でも1時間ちょっとで行ける距離だ。電化するには架線を張らねばならず、経費がかかるので、費用対効果が低いというわけだ。

さらに、徳島市には市電が走っていない。JRの電化路線がないのは高知県も同じだが、高知県はとさでん交通が路面電車を走らせている。そのため、徳島県が唯一、電車の走っていない県となるのだ。

なお、かつては沖縄県が電車どころか鉄道もない県だったが、平成15年、沖縄都市モノレール線（ゆいレール）が開業、電気によって動いている。

国道439号が日本きっての〝酷道〟といわれるワケ

国道439号は、徳島市と四万十市（高知県）を結ぶ全長348キロの国道。別名「ヨサク」という名で知られるが、1台程度の道幅しかない道路がえんえんと続く、日本きっての〝酷道〟として知られている。

もともと、山地を走り、途中に都市らしい都市もない。整備が遅れているうちに過疎化が進んで、ますます予算がつかなくなり、酷道のまま現在に至ったというわけ。

特集1　話のネタになる地名①

1　どう見ても、人名みたいな地名

□永井久太郎《ながいきゅうたろう》――京都市伏見区桃山町永井久太郎。永井直勝と堀久太郎（秀政）という2人の戦国時代の武将の屋敷にまたがる土地だったので、両者の名をつないで地名にしたと伝わっている。

□河辺由里《かわべゆり》――京都府舞鶴市河辺由里。「由里」という地名に、川のそばであることを示す普通名詞「河辺」がついて、人名のようになった。近くには「高野由里」という地名もある。

□武豊《たけとよ》――愛知県南西部の町名。武雄神社、豊石神社の両神社名に由来。JR東海・武豊線（大府―武豊）には、「武豊」という駅もある。なお、競馬の名ジョッキーの名は「たけゆたか」と読む。

□飯山満《はさま》――千葉県船橋市飯山満町。東葉高速鉄道の飯山満駅がある。

□児島由加《こじまゆが》――岡山県倉敷市児島由加。由加山《ゆがさん》という地域を指す地名があり、古くは瑜伽山と書いた。児島地方の由加山付近という意味。

□歌丸《うたまる》――山形県長井市歌丸。歌丸神社がある。

□岡田美里町《おかだみさと》――愛知県知多市岡田美里町。なお、タレントの名は「おかだみり」と読む。

□下田良子《しもたらご》――岐阜県恵那市のバス停名。近くのバス停には、上田良子《かみたらご》もある。

□徳次郎町《とくじろうまち》――栃木県宇都宮市の地名。新田氏の徳次郎という人物が城を築いたことに由来する、などの複数の由来説がある。

□関和久《せきわく》――福島県西白河郡泉崎村関和久。近くに、関和久官衙《かんが》遺跡（古代の役所跡）がある。

2　ちょっと笑える温泉名

□微温湯温泉《ぬるゆおんせん》――福島県福島市の温泉。ほかに「温湯温泉《ぬるゆ》」は、青森県と宮城県にあり、「温川温泉《ぬるかわ》」は、青森県と群馬県にある。

□祖母谷温泉《ばばだにおんせん》――富山県黒部市の温泉。祖《じ》父谷《だに》との合流点にある秘境の湯。

□美女谷温泉《びじょだにおんせん》――神奈川県相模原市の温泉。江戸時代、吉原を代表する美女、高尾太夫の生地だったと伝えられる土地。

□石抱温泉《いしだきおんせん》――肘折《ひじおり》温泉の近くの温泉。浴槽が浅く、体が浮かないように、石を抱いて入ることから、この名になったと伝わっている。

□ラムネ温泉――鹿児島県霧島市の温泉。炭酸水素塩泉で、お湯を飲むと、ラムネのような味がすることから。

3　そんな珍名山があったんだ！

□1839峰《いっぱーさんきゅうほう》――北海道新ひだか町の山。「1839」という数字は、かつての標高にもとづく。その後の測量で、標高1

842メートルに訂正されているのだが名前は1839のまま。

□アポイ岳――北海道南部の様似町《さまにちょう》の山。アイヌ語の「アペオイ」（火が多くあるところ）に由来する。

□馬糞森山《ばふんもりやま》――青森・秋田県の県境にある山。標高785・6メートル。馬糞のように、こんもり盛り上がった山姿が特徴。

□五輪峠《ごりんとうげ》――岩手県中部の峠。標高556メートル。オリンピックとは関係なく、五輪塔があることに由来する名。

□猫魔ケ岳《ねこまがだけ》――福島県の磐梯山の西にある山。標高1403・6メートル。昔、猫の化け物が棲みつき、人を食べたという伝承がある。

□十石峠《じっこくとうげ》――群馬県の峠。江戸時代、越後米などがこの峠を越えて、江戸へと運ばれた。1日10石（1500キロ）も運ばれたことから、この名になった。なお、「十国峠《じっこく》」は静岡県の峠で、こちらは〝十にのぼる国を見渡せる〟という意味。

□乙女峠――神奈川県箱根町と静岡県御殿

場市の境にある峠。この峠から眺める富士の姿は、別名「乙女富士」の名がある。

□富山《とみさん》——千葉県南部の山。南総里見八犬伝の伏姫《ふせひめ》が隠れたという伝説で名高い山。「とやま」と読まないように。

□高《たか》ボッチ山《やま》——長野県中部の山。「ボッチ」は、アイヌ語で、大きな高原という意味だとみられる。

□屯鶴峯《どんづるぼう》——奈良県香芝市の奇岩群。灰色の断崖が続き、鶴の群れのように見えることから、この名に。「鶴が屯《たむろ》している峯」なので、屯鶴峯。

□果無山脈《はてなしさんみゃく》——奈良・和歌山の県境の山脈。たしかに、近畿地方の南北交通の壁となっている長大な山脈が立ちはだかる。

□再度山《ふたたびさん》——兵庫県神戸市の山。標高470メートル。空海が入唐の前に祈願し、帰国後、〝再度〟登ったという伝承に由来する名前。

□ごろごろ岳——兵庫県芦屋市と西宮市の境にある山。「標高565・6メートルだから、ごろごろ」という語呂合わせから付けられた名前。その後の測量で、現在の標高は５６５・３メートルだが、名前はそのまま。

□久七峠《きゅうしちとうげ》——鹿児島県北西部の峠。近くに住んでいた猟師の名にちなむとみられる。西南戦争の戦場の一つでもある。

□ぶざま岳——沖縄県石垣島の山。同島では「ぶざーま」は「尾」という意味で、山系の端にあるので、この名がついたとみられる。

□ヤレヤレ峠——徳島県の峠。標高２８０メートル。山中で、化け物に襲われた炭焼きが、この峠まで逃げてきて、「やれやれ」と言ったという言い伝えに由来する。

4　笑えるカタカナ・ひらがな地名

□シャックリ川——三重県名張市を流れる川。長さ約3キロしかないが、一級河川。名の由来は、川が曲がり、しゃくれているようだからという説が有力。ほかに、川のほとりに立つと、シャックリが出るからという妙な説もある。

□がっかり島——岩手県宮古市にある無人

島。この名前をめぐっては多数の由来説があり、「この地域の方言で、切り立った岩場のことをがっかりという」「崖ばっかりが、がっかりに変化」「アワビがさっぱりとれないので、がっかりしたから」などの説がある。

□こあら――山形県酒田市の地名。もとは古荒新田といったのだが、ひらがなにすると、一気にかわいい名前になった。今は、町のあちこちに、コアラのイラストが描かれている。

□ときめき――新潟県新潟市の地名。もとは山田という変哲もない地名だったが、橋の名を公募した際、「ときめき橋」に決まり、やがて地名も「ときめき」になったという次第。

□ドコノ森――青森県三戸町の山。彫刻刀で彫ったような傷のある石が、斜面に散在する不思議な山。

□オランダ島――岩手県の山田湾に浮かぶ島。１６４３年、オランダ船が水・食料の補給のために寄港したことから、この名で呼ばれている。

□スウェーデンヒルズ――マンション名ではなく、北海道石狩郡当別町の地名。森に囲まれた北欧建築タイプの家が建ち並ぶ住宅地。スウェーデン国王が来訪したこともある。

□西ハサバ――愛知県名古屋市の地名。由来をめぐっては、「機場《はたば》が近くにあった」「川の狭間にあった」などの説がある。なお、「西ハサバ西」という回文のような信号名がある。

□上ゲ駅《あげ》――愛知県知多郡武豊町。名鉄河和線の駅名。地名は「上ケ」。

□ジ子ンゴ《じねんご》――愛知県東郷町の地名。笹が成長するのが「10年後」であることがなまったという説がある。

□カニカン岳――北海道南部の山。アイヌ語で金《きん》を意味するカンカンが変化したとみられる。かつては、周辺に金鉱山が多かった。カニの缶詰とはまるで関係がない標高981メートルの山。

□キケン川――北海道枝幸町《えさしちょう》を流れる長さ2・9キロほどの川。

□オレウケナイ川――北海道白糠町《しろぬかちょう》を流れる川。オレウケナイ橋がかかっている。

□カント――宮城県石巻市小渕浜《こぶちはま》カントという、哲学好きが喜びそうな地名がある。

□みなべ町《ちょう》――和歌山県中部の町。梅干しの町。南部町と南部川村が合併し、ひらがなで書くようになった。

5 素直に笑える地名

□野球踏切――香川県高松市にある踏切。名門・県立高松商業高校の野球部員が、練習場までの行き来に利用していたことから、この名になった。

□風の谷――長野県伊那市の地名。ナウシカとの関係は確認できない。

□有耶無耶ノ関《うやむやのせき》――秋田県にかほ市象潟町《きさかたまち》の地名。由来はうやむやではっきりしないのだが、松尾芭蕉の『おくのほそ道』にも登場する由緒ある地名。

□馬鹿川――青森県中泊町を流れる川。十三湖南岸の三角州地帯で、幕末、治水目的で開削されたが、治水効果がなかったので、「馬鹿川」呼ばわりされることになったという。

□土居中《どいなか》——愛媛県宇和島市の地名。戦国時代、土居氏の領地だったことから。「その中心」という意味だったとみられ、「ど田舎」ではなかった模様。

□小日本《こにっぽん》——山口県下関市菊川町の別名。「菊川盆地は日本よりも小さい」という意味で「小日本」と名づけたという民話が残っている。この他の橋は「小日本橋」、農産物直売所は「小日本ふるさと市」と名づけられている。

…………

□四尾連湖《しびれこ》——山梨県の湖。富士八湖の一つとされるが、富士山とは無関係。4つの尾を連ねた竜が住んでいるという言い伝えから、この名になった。水面標高880メートルの高原の湖。

6 書き方が面白い地名

□北部中南東《ほくぶちゅうなんとう》——愛知県豊橋市の地名。近くに、羽田中南東という地名もある。

□島山島《しまやまじま》——日本国内には、島山島が3島ある。長崎県対馬市、長崎県五島市、佐賀県唐津市のそれぞれにある。

□島田島《しまだじま》――徳島県鳴門市の小島。面積5・7平方キロ。

□横川川《よこかわかわ》――長野県辰野町を流れる川。長さ21キロの一級河川。なお、岡谷市を流れる「横河川」もある。こちらは、長さ22キロの一級河川。

7　企業名にちなむ地名

□愛知県豊田市《とよた》トヨタ町――トヨタ自動車の本社工場があることから。挙母《ころも》市から改名した。なお、東京都日野市の豊田は「とよだ」と読む。

□宮城県仙台市青葉区ニッカ――ニッカウヰスキーの宮城峡蒸留所がある。

□群馬県太田市スバル町――スバル群馬製作所本工場がある。居住者はいない町(人口0人)。

□大分県津久見市セメント町――今の太平洋セメントが古くからセメントを生産してきた町。昭和42年、工場の正門付近が「セメント町」に改名された。なお、小野田セメントの創業地として知られる山口県山陽小野田市にも「セメント町」がある。

□東京都日野市さくら町――コニカのサクラカラーから、この名に。

□大阪府池田市ダイハツ町――自動車メーカーのダイハツ工業の本社の住所は、ダイハツ町1番1号。

□長崎県佐世保市ハウステンボス町――むろん、複合リゾート施設のハウステンボスから。

□兵庫県明石市川崎町――川崎重工業の明石工場があることから。

□千葉県千葉市中央区川崎町――同地にある川崎製鉄（現ＪＦＥスチール）から。愛知県の半田市にも、同社由来の川崎町がある。

□山口県山陽小野田市硫酸町――日産化学工業が硫酸をつくっていることに由来する地名。

□広島県福山市鋼管町――日本鋼管（現Ｊ

ＦＥスチール西日本製鉄所福山地区）から。

□東京都府中市東芝町——東芝府中の事業所があることから。

□山口県防府市鐘紡町——かつて、カネボウ防府工場があった。

□新潟県柏崎市日石町——新日本石油（現ＪＸＴＧエネルギー）の創業地。今は工場は閉鎖されているが、地名は残っている。

8　笑えるバス停の名前

□伯母様——神奈川県伊勢原市のバス停名。1550年頃、北条氏から、この地域を与えられていた武将の〝おばさま〟が所領としていたことから、この名になったと伝えられる。

□途中——滋賀県大津市のバス停名。バス路線の堅田葛川線には、この「途中」というバス停が〝終点〟となる便もある。

□三十代《さんじゅうだい》——高知県香美市《かみし》のバス停名。

近くの地名に由来する。

□ヨーン——沖縄県石垣島のバス停名。ヨーンは、同島の方言で「暗い」という意味。草木が生い茂り、昼間でも薄暗い場所であることから、この名に。

□当麻0丁目《れいちょうめ》——道北バスのバス停名。なお、地名は、当麻1丁目から4丁目までであり、その手前という意味で「0丁目」とネーミングされたようだが、同社でも、今となってははっきりわからないという。

□ダム——佐治川ダム最寄りのバス停名。単に「ダム」という名前。

□朝立《あさだつ》——愛媛県西予《せいよ》市を走る宇和島バスのバス停名。〝あさだち〟ではない。

□毛穴《けな》なかよし橋——大阪府堺市中区のバス停名。珍名マニアの世界では、最も有名なバス停名の一つ。〝毛穴町《けなちょう》のなかよし橋の近くにあるバス停〟という意味。

□女《め》の都《と》入口——長崎市の長崎県営バスのバス停名。平家の落人、とりわけ女性が落ち延びたという伝説がある。

□理想郷――神奈川県を走る箱根登山バスのバス停名。
□丸ぼっき――長野県松川町《まつかわまち》のバス停名。「ぼっき」は、古語で崖を意味するとみられる。
□貝まぐり――静岡県浜松市南区を走る遠鉄のバス停名。
□西東京バスのバス停名いろいろ――京王バスグループの西東京バスは、八王子市、あきる野市、青梅市を中心に走るバス会社。そのバス停には、珍名が多いことで有名。以下、代表例を紹介していこう。
・女の湯《めのゆ》――東京都奥多摩町のバス停名。バス停の横に源泉がある。
・雨降り――奥多摩町のバス停名。上流にある雨降りの滝に由来する。
・夕焼小焼――八王子市のバス停名。童謡『夕焼小焼』で有名な作詞家の中村雨紅の生誕地。
・下り――奥多摩町のバス停名。集落の下の方向にあることに由来するとみられる。
・下徐毛《しもよけ》――檜原村のバス停名。

9　熟語のような地名

□読書《よみかき》――長野県南木曽町《なぎそまち》。明治7年、与川村《よかわむら》、三留野村《みどのむら》、柿其村《かきそれむら》が合併し、3村の頭の文字「よ」「み」「かき」をつないで生まれた地名。

□口論義《こうろんぎ》――愛知県日進市《にっしんし》の地名。戦国時代の小牧長久手の戦いの際、豊臣側の武将が口論したことに由来するという説がある。

□極楽――愛知県名古屋市の地名。やはり、小牧長久手の戦いのあと、この地にたどりついた兵たちが、ここは極楽だといったという伝承がある。また、水害がない土地だったことから、住民たちが極楽のような場所であるといったからという説もある。

□丁寧《ていねい》――北海道湧別町《ゆうべつちょう》丁寧。テイネ川の湿地帯だったことから、こう呼ばれるようになり、近い音の漢字が当てられたとみられる。

□正直《しょうじき》――茨城県牛久市《うしく》の地名。「正直」は、福島県や埼玉県にもみられる地名。

□横領町《よこりょうちょう》——奈良県奈良市の地名。なお、横領町にも、銀行がある。

□寿命《じゅめい》——「じゅみょう」ではなく、「じゅめい」と読む。福岡県桂川町《けいせんまち》の地名で、国指定特別史跡の王塚古墳がある。

□旅人——福島県いわき市田人町旅人。田人町旅人は「たびとまちたびうと」と読む。

□勅旨——滋賀県甲賀市の地名。「勅旨賜田」だったことに由来する。

□安堵町《あんどちょう》——奈良県北西部の町。荘園として安堵されたことに由来するとみられる。

□遠浅——北海道西部の地区名。アイヌ語のトアサム（沼の奥）に由来し、それに漢字を当てた名前。室蘭本線の遠浅駅がある。

□昼飯《ひるい》——岐阜県大垣市の地名。現在の長野市の善光寺まで、仏像を運ぶさい、ここで昼飯をとったという故事に由来すると伝えられる。

□要害《ようがい》——岩手県一関市厳美町の地名。東北には「要害」という地名が多数あり、おおむね、かつては豪族の砦や館があったことを示している。

□幸福町《こうふくちょう》——北海道帯広市にある大字。大阪府門真市にも「幸福町」がある。

□狼煙町《のろしまち》——石川県珠洲市の地名。警備のため、狼煙台をおいたことに由来する。「道の駅狼煙」がある。

□海外町《かいとちょう》——神奈川県三浦市の地名。むろん、海に近いエリア。

□大将軍《たいしょうぐん》——京都市北区に鎮座する「大将軍神社」に由来する地名。といっても、征夷大将軍のことではなく、陰陽道で8つの方角を司る八将神のこと。

□寝物語《ねものがたり》——岐阜県と滋賀県の県境にある地名。かつては、美濃国と近江国の国境をはさんで、二つの旅籠が隣接して建っていた。旅籠の客は寝ながらにして他国の人と話ができたことから、この地名になったという。

□左右《そう》――福井県越前町の地名。沢《さわ》が変化したソウに当て字した地名と考えられる。

□六月《ろくがつ》――東京都足立区の地名。源義家が野武士と戦って勝利した記念に、寺を建てたのが６月だったことにちなむという。その寺の名前は、炎天寺。

□金持《かもち》――鳥取県日野町の地名。この地には「金持神社」があり、宝くじの発売シーズンになると、当選祈願の参拝客が多数訪れる。

□道徳《どうとく》――愛知県名古屋市南区の地名。幕末、尾張藩が農民に替地として新田を与えた際、その恩を自覚させるために、「道徳新田」と名づけたことに由来。

□後免町《ごめんちょう》――高知県南国《なんこく》市の地名。江戸時代、開発を進めるため、入植者は諸役・諸税が免除されたことから。なお、南国市は「なんごく」ではなく、「なんこく」と読む。「獄」につながるのを嫌って、清音で読むようになったといわれる。

□上下《じょうげ》――広島県府中市の地名。山陽と山陰を結ぶ交通の要衝で、坂が多く、人々がいつも坂を上下していたことから、こう名づけられたという。

□顔好《かおよし》——山形県大江町の地名。この町には、「顔好甲」「顔好乙」という地名がある。

□万古《ばんこ》——三重県四日市市の地名。この地で焼かれる「万古焼」は万古不易からとった言葉で、陶器の価値が永遠に変わらないようにという願いがこめられている。

10　えっ！　それ地名ですか？と言いたくなる地名

□目玉入口《めだまいりぐち》——熊本県天草市《あまくさし》の地名。目玉のお化けが目撃されたという言い伝えから、まず「目玉」という地名が生まれ、そこへの入り口という意味で、この地名が生じた。

□鼻毛——福島市飯坂町の地名。語源は「端《はな》の崩《くえ》」で、突き出た崖地。

□鼻毛石町《はなげいしまち》——群馬県前橋市の地名。町内にある「鼻石」に由来し、それに草が生えて、鼻毛のように見えたという伝承がある。

□会々《あいあい》——大分県竹田市《たけたし》会々。国指定史跡

新しい“生き方”の発見、“自分”の発見!

B6判並製ほか話題の書

[A5判並製]
西洋絵画とクラシック音楽
感動するのに欠かせない知識がズバリ身につく「できる大人」の超入門!
中川右介
1740円

[B6判並製]
イヤな気持ちがスーッと消えていく ココロにいいこと事典
ココロの不調も、自分でケアできる! ココロをほぐす103のヒント
心地よい暮らしをつくる会[編]
1300円

[B6判並製]
頭の回転が200%アップするクイズ
スキマ時間を楽しみながら、あっという間に脳のチカラがみなぎる本
知的生活追跡班[編]
1000円

[A5判並製]
国語力 大人のテスト1000
敬語、慣用句、四字熟語…日本語の〝落とし穴〟をまるごと集めた決定版
話題の達人倶楽部[編]
1000円

[B6判並製]
すごい会話のタネ700
どんな相手も必ず〝陥落〟する即効トークの秘密、教えます!
話題の達人倶楽部[編]
1000円

[B6判並製]
大人の雑学大全
もう雑談のネタに困らない! 日本人の9割が知らないとっておきの219項
話題の達人倶楽部[編]
1000円

[B6判並製]
日本人の9割が知らない「ことばの選び方」大全
絵で見てわかる! 日本語の意外な意味・由来・用法を集めた決定版
日本語研究会[編]
1000円

[A5判変型]
誰にも知られたくない 大人の心理図鑑
「こころ」が読めるかどうかで人間関係は9割決まる! 「心理法則」を大胆公開!
おもしろ心理学会[編]
1540円

[A5判並製]
2週間で体が変わる グルテンフリーの毎日ごはん
疲れがとれない、太りやすい…小麦抜き・乳製品抜きで心と体の不調が消える!
溝口 徹
大柳珠美
1560円

[A5判並製]
やってはいけないヨガ
そのやり方、合っていますか? ムリせずいちばん効率よく成果がでるやり方
石井正則
今津貴美(キミ)[著]
[ポーズ監修]
1380円

[B6判並製]
大人のアタマをもみほぐす パズル100
思考力、論理力を鍛える! 子どもから大人まで楽しめる多彩なパズルが満載
知的生活追跡班[編]
1000円

[B6判並製]
通じる! 2単語英会話
誰でも知っている単語を組み合わせるだけでOK! ビジネスも日常会話もこれ一冊で!
ディビッド・セイン
1000円

[B6判変型]
あの世に持っていくにはもったいない 陳平ここだけの話
86歳の陳平が、昭和~平成の有名人たちの意外な素顔の数々を語ります
野末陳平
1000円

[B6判並製]
頭がサクッと! よくなる 東大クイズ
解くよろこびが脳のチカラに変わる! 解けば解くほどクセになるおもしろさ!
東京大学クイズ研究会[編]
1000円

[B6判並製]
理系脳が目覚めるクイズ
こう考えればよかったのか! 頭の〝生産性〟が大幅アップする101問!
大人の脳力向上委員会[編]
1000円

[B6判並製]
ここが一番おもしろい 理系の話
わかる! 一目おかれる! 「理系の目」で世の中が楽しめるようになる一冊
おもしろサイエンス学会[編]
1000円

の岡藩主の墓所がある。なお、竹田市の読みは「たけだ」ではなく「たけた」が正しい。

□ほら貝——愛知県名古屋市緑区の地名。「ほら」は小さな谷のこと。「かい」は交差するという意味で、山と山の間の谷を指すという説が有力。

□吉里吉里《きりきり》——岩手県上閉伊《かみへい》郡《ぐん》大槌町の地名。井上ひさしの小説『吉里吉里人』で有名になった土地。

□二《に》級峡《きゅうきょう》——広島県呉市を流れる黒瀬川の渓谷。二級滝、二級ダムなどがある。なお、黒瀬川は二級河川。

□医大前——栃木県下野市医大前。バス停の名ではなく、これが地名。

4 「地名」の由来を知れば、日本がもっとよくわかる！

北海度の地名の事情①「〇別」の「別」って何？

北海道には「登別」「紋別」「芦別」など、「別」のつく地名が多い。これは、先住民のアイヌの言葉で川を「ペッ」と呼び、それに「別」という漢字を当てたから。アイヌ民族は、川の近くを生活の拠点としていたため、川に由来する地名が今も多く残されている。

たとえば、登別はもとは「ヌペル・ペッ」で、「水の色の濃い川」という意味。紋別はもとは「モ・ペッ」で「静かな川」、芦別は「ハシュ・ペッ」で、「樹木のなかを流れる川」という意味の名だ。

北海度の地名の事情②「〇内」の「内」って何？

北海道には、稚内、歌志内、岩内、知内など、「内」のつく地名も多数存在する。

アイヌの言葉では、「ナイ」は川や谷、沢という意味。それに漢字の「内」を当てたため、「〜内」という地名が増えたのだ。

釧路の「釧」はやけに見慣れない漢字だが……

釧路という地名は、アイヌ語の「クシユル（通路という意味）」や「クッチャロ（沼の水が流れでる場所）」に由来するとみられ、江戸時代は「久須里」や「久須利」という漢字が当てられていた。

明治2年、「釧路」と漢字を当てたのは、松浦武四郎。彼は、幕末から明治初期にかけての北方探検の第一人者であり、「北海道」という言葉の生みの親でもある。

「釧」という字は、古代の腕輪を意味する。松浦は、この地でアイヌ民族の腕輪を見て、この字を当てることにしたと伝えられている。

どうして北海道のあちこちに「もいわ山」があるのか

北海道には、「もいわ山」という名の山が多数存在する。カタカナで「モイワ山」や漢字で「茂岩山」「藻岩山」「萠和山」と書かれることがある。

この「モイワ」という言葉は、アイヌ語で「モ」が小さい、「イワ」が山や丘を表すことから、「小さい山」という意味とみられる。要するに、内地に「小山」という地名が多いのと同様の理由で、北海道には「もいわ」という地名が増えることになったようだ。

札幌の繁華街が「狸小路」と呼ばれるようになった理由

札幌市には「狸小路」と呼ばれる一画がある。その地名は、かつて、この界隈で客を引いていた街娼に由来する。

当初は、首におしろいを塗った私娼が多かったことから、「白首小路」と呼ばれていたが、やがて私娼がタヌキのように人（男性）をたぶらかすことから、「狸小路」と呼ばれるようになったという。

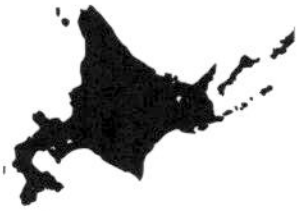

「銭函」（北海道）の〝銭〟は、どうやって稼いだお金？

ＪＲ函館本線に「銭函《ぜにばこ》」という駅がある。いかにも景気のいい名前なので、名前にあやかろうと入場券を求める人もいる。

銭函は、もともとこの土地の地名。小樽市の最北端にあって、石狩湾に面している。江戸時代から明治の末頃まで、この地ではニシン漁が盛んで、漁師たちが大金を手にしていた。

漁師たちの家には、あり余るお金を入れるための木箱が置かれ、そこからこの地は「銭函」と呼ばれるようになった。たしかに、銭函は景気のいい名前だったのだ。

一つしかないのに、どういうわけか「十三湖」の謎

青森県の「十三湖《じゅうさんこ》」は、日本海に面した湖。この「十三」には、どんな意味があるのだろうか？

もともと、十三湖は「とさ」と呼ばれていた。語源は「ト（湖沼）・サム（～のほとり）」というアイヌ語説が有力とされる。この「とさ」に「十三《とさ》」という漢字が当てられ、それがやがて「じゅうさん」と読まれるようになったとみられている。

駅名は「塩釜」、市名は「塩竈」ってどういうこと!?

ＪＲ東北本線の塩釜《しおがま》駅は、宮城県塩竈市にある。駅名は「塩釜」、市名は「塩竈」と面倒なのだが、ともに同市内にある「鹽竈神社」に由来する名前だ。この神社は、日本神話で、釣り針をなくした山幸彦に船を与え、海神の宮まで誘導した塩土《しおつちの》老翁《おじ》を祀る神社で、全国にある「鹽竈神社」の総本社だ。

鹽竈神社があることから、地名ももとは「鹽竈」だったのだが、なにしろ画数が多い。そこで、地元の人たちは「塩竈」や「塩釜」と書いていた。それが、昭和16年、地名は「塩竈」に統一される。「塩」は「鹽」と同じ意味なので許せるが、「釜」は煮炊きに使う「かま」、「竈」は釜をのせる「かまど」と意味が違う漢字。そこで、「塩竈」に決まったのだ。

もっとも、他県の人には「竈」では読みこなせない。そこでＪＲでは、読み書きしやすい「塩釜駅」としているのだ。

実際は島なのに、なぜ「金華山」という名前になった？

金華山という名の山は、岐阜県の金華山など、全国にいくつかあるが、宮城県の金華山は特殊だ。「山」といいながら、島なのだ。

島なのに金華山と名づけられたのは、奈良時代のこと。日本初の砂金が陸奥国で産出され、朝廷に寄進された。当時、東大寺の大仏建立のために金を求めていた聖武天皇は喜び、元号を天正勝宝と改めたほどだった。

その際、歌人の大伴家持が祝して、「天皇《すめろぎ》の御代《みよ》栄えむと東《あずま》なる陸奥山《みちのくやま》に金花《くがね》咲く」という歌を詠んだ。歌にある「山」と「金花」から、金華山という島名が生まれ、その名が受け継がれて、明治時代、土地台帳を作成する際に、金華山が正式な島名になったのだった。

沼がないのに、「気仙沼」という名前になった経緯

宮城県気仙沼市には、地名のもととなるような大きな沼はない。そもそも、気仙沼は沼とは関係のない地名だ。

もともとは、「計仙麻《けせま》」と書かれ、その語源をめぐっては諸説ある。一つはアイヌ語説で、「けせ」には端、「もい」には入り江の意味があり、「端にある入り江」という意味に由来するという説。あるいは「静かな海」を意味する「けせもい」から来たという説もある。

日本語説もある。9世紀初頭の『続日本紀』は、この地を「気仙郡」と記している。その「けせ」に、真ん中を意味する「間」がつき、「けせま」としたという説だ。

いずれにしても、もとは「計仙麻」だったものが、後世「気仙沼」と書かれるようになり、読み方も「けせんぬま」に変化したようだ。

市名は「鹿嶋」なのに、サッカーチームはなぜ「鹿島」?

Jリーグの鹿島アントラーズのホームタウンは、茨城県鹿嶋市。サッカーチーム名は鹿島なのに、市名は鹿嶋と書くのは、鹿嶋市が新しくできた市だから。

古くからの地名は鹿島で、昔は鹿島町だったのだが、１９９５年、市に昇格する際、鹿嶋市となった。字を変えたのは、すでに佐賀県に鹿島市があったから。アントラーズはその3年前からあったので、鹿島町時代の鹿島を使っているというわけだ。

茨城県にひらがな表記の市が四つもある理由

平成の市町村大合併以降、ひらがな表記の市名が増えた。そんななか、現在のところ、最もひらがな表記の市が多いのは茨城県。他県がせいぜい1〜2市なのに対し、茨城県は、かすみがうら市、つくば市、つくばみらい市、ひたちなか市と4市もある。

ひらがな名前にした理由は、市によってさまざまで、たとえば、かすみがうら市の場合、霞ヶ浦町と合併した千代田町への配慮によるものだ。漢字で「霞ヶ浦市」と書くと、千代田町が編入されたイメージになるため、ひらがな表記にしたという。

つくば市は、大穂町と豊里町と谷田部町と桜村の合併で生まれた市で、「つくば」は市のシンボル的存在の筑波山にちなんでいる。漢字で「筑波」だと「ちくば」と誤読される可能性があるので、ひらがな表記にしたという。

つくばみらい市は、伊那町と谷和原村の合併で生まれた市で、いずれも筑波郡だったこと、つくばエクスプレスの「みらい平」駅があることなどからつけられた。

ひたちなか市は、勝田市と那珂湊市の合併で生まれた市で、旧国名の常陸と、両市が属していた那珂郡に由来する。「常陸那珂」と漢字にする案もあったが、書き方・読み方が難しくなることもあって、最終的にひらがなに落ちつくことになった。

埼玉県にも「霞ヶ関」があるのはどういうワケ？

「霞が関」といえば、まず思い浮かぶのは、日本の行政の中心地の東京・霞が関。ところが、埼玉県にも「霞ヶ関」がある。現在は川越市に編入されているが、かつて「霞ヶ関村」という村があったのだ。明治17年（1884）、柏原村、笠幡村、的場村、安比奈新田村が合併し、霞ヶ関村が生まれたのだ。

その影響は残っていて、東武東上本線には「霞ヶ関」という名の駅がある。もとは「的場駅」という名だったが、ゴルフ場の霞ヶ関カンツリークラブの開設に伴って、昭和5年（1930）、「霞ヶ関駅」となった。東京・霞が関の最寄り駅、地下鉄「霞ヶ関」の開業は昭和33年だから、駅名としては埼玉の「霞ヶ関」のほうが歴史は古い。

なお、東京の「霞ケ関駅」の「霞ケ関」は大きな「ケ」を使うのに対し、埼玉は小さな「ヶ」を使う。そして、東京の地名は「霞が関」とひらがなの「が」を使う。

埼玉県の地名と古代朝鮮の国名をつなぐ〝線〟

西武鉄道の池袋線には「高麗《こま》駅」という駅がある。「高麗」という名を見て、朝鮮半島のかつての王朝名を思い起こす人は多いだろう。

実際、高麗駅の名は、朝鮮・高麗王朝にちなんでいる。高麗駅のある埼玉県日高《ひだか》市付近は、かつて高麗（高句麗）から渡ってきた高麗人によって開拓された場所なのだ。

６６８年、高麗が唐・新羅軍によって滅ぼされ、多数の高麗人が日本に亡命してきた。ヤマト王権は、朝鮮半島の進んだ技術をもつ彼らを東国へ送り、東国を開拓しようとしたのだ。彼らのうち１７９９人は、現在の日高市周辺に集められ、その一帯は高麗郡と呼ばれるようになる。明治11年（１８７８）の郡区町村編制法定でも、高麗郡の名は残り、明治29年、入間郡に編入後は入間郡高麗村となった。そして昭和４年に駅が設けられ、高麗駅と名づけられることになった。

そもそも赤羽の「赤」って何を指す？

東京都北区の赤羽――この「赤い羽」は何を指すのだろうか？

じつは、この土地と「羽」は無関係だ。この地域は、火山灰が堆積した関東ローム層と呼ばれる土壌におおわれ、土の色が赤い。そこから、もとは「赤埴《あかはに》」と呼ばれていた。「埴」は粘土のことで、赤い粘土のような土という意味だ。

それが、江戸時代に「赤羽根」と書かれるようになり、さらに明治4年（1871）、東京府に編入される際、「根」がはずれて「赤羽」と表記されるようになったのだ。

東京の西側に「東」がつく市名が多いのはどんなワケ？

東京都は、東側に23区があり、西側の多摩地区に市町村がある。不思議なのは、多摩地区は東京都の西側にあるのに、「東○○」という市名が多いことだ。西がつくのは新顔の西東京市のみで、東がつくのは東久留米市、東村山市、東大和市と3市もある。

これはいずれも東京ではなく、別の土地を基準としているからだ。東久留米市の場合、かつてここは久留米町だった。

昭和45年の市昇格に伴い、久留米市としたかったのだが、同名の市が福岡県にあるため使えなかった。そこで、当時すでにあった西武池袋線の駅名、東久留米を使うことにしたのだ。

東村山市は、かつて村山郷と呼ばれる場所にあり、村山郷のなかでも東部にあることからつけられた。東大和市は、大和町が市に昇格するにあたり、神奈川県にすでに大和市があったことから、東大和とつけられた。

こちらは大和市の東にあるわけではなく、「東京の大和市」という意味で、東大和市と名づけられた。

「多摩」と「多磨」の書き分けの法則とは？

東京の「たま」といえば、まず浮かぶのは「多摩」という書き方。多摩川、奥多摩など「多摩」と書く地名は多い。ところが、駅名は違う書き方をして、西武鉄道の多摩川線は「多磨駅」、京王電鉄は「多磨霊園駅」と、いずれも「磨」の字を使う。

これは、多磨駅も多磨霊園駅も、近くにある多磨霊園からのネーミングだから。西武鉄道の多磨駅も、以前は「多磨墓地前」だったが、イメージを考慮して墓地をはずし、「多磨駅」となった。

「多磨」という書き方は、かつてこの地にあった「多磨村」に由来する。多磨村は明治22年に八つの村が合併してできた村で、当初は「多摩村」としようとしたが、すでに南多摩郡に「多摩村」があったので、「多磨村」と書くようにしたのだ。昭和29年、府中市に編入されて多磨村はなくなったが、府中市多磨町や多磨霊園、そして駅名に、その書き方が残っているというわけ。

東京の「府中市」と広島の「府中市」の関係は？

現在、同一の市名は2組あって、まず東京都と広島県に「府中市」が存在する。両市は市制施行がともに昭和28年で、ほぼ同時だったため、国の調整が間に合わず、同一市名が認められた。

また、福島県と北海道には、ともに「伊達市」がある。こちらは、両市ともに、奥州の戦国大名・伊達氏と関係があることから、ともに認められた。

「としまえん」が豊島区ではなく練馬区にある納得の理由

遊園地の「としまえん」は、その名から東京都豊島区にあると思っている人もいるだろう。ところが、としまえんがあるのは、豊島区の東隣の練馬区内。そもそも「としまえん」の「としま」は、地名でなく、人名にちなんでいるのだ。

としまえんは、室町時代半ばまで、今の東京北西部で栄えた豊島氏にちなんでいる。ところが、豊島氏は文明9年（1477）に太田道灌との戦いに敗れ、滅亡。豊島氏の本拠地だった練馬城は廃城となり、その後は林や耕作地となり、明治時代後期には公園になっていた。

大正6年、その土地を、樺太工業（後の王子製紙）専務だった藤田好三郎が購入。藤田は、さらに上石神井川北側の土地などを追加購入し、昭和2年（1927）に遊園地を開園、その際、名前を豊島氏からとったのだ。

百人町にいた「百人」ってどんな人たち？

東京都新宿区の「百人町」という地名は、かつてこの地域に「鉄砲百人同心」が住んでいたことに由来する。

慶長7年（1602）、徳川家康の江戸入府に伴って、伊賀者の鉄砲隊が、今の百人町である「大久保村」に住むようになった。その後、大久保村は「大久保百人大縄屋敷」と呼ばれるようになり、明治7年（1874）、現在の地名に近い「大久保百人町」に変わった。

池袋と「袋」にはどんな関係がある？

東京の繁華街、池袋。かつての池袋は、大きな遊水池があるような、のどかな場所だった。江戸時代末期には、今の池袋西口周辺には、1000平方メートルもの広さをもつ池があったという。

池袋という名は、その遊水池に由来する。池袋とは「池のような大きな〝袋〟（遊水池）があった場所」という意味なのだ。

橋もないのに、なぜ銀座周辺に「○○橋」という地名が集まった？

東京・銀座周辺には、数寄屋橋、京橋、呉服橋、鍛冶橋、日本橋など、「橋」のつく地名が多数ある。これは、かつては東京の中心地を多数の川が流れていたことを表している。

ところが、関東大震災と東京大空襲の後、瓦礫が川に投げ込まれ、川は次々と姿を消していった。そして、戦後、少しは残っていた川も、東京五輪前の開発で不要河川と判断され、ほとんどが姿を消すことになった。

そもそも犬吠埼の「犬」ってどんな犬?

千葉県銚子市の犬吠埼には、源義経にまつわる伝説が残っている。

義経は、奥州平泉の藤原氏を頼りに落ちのびようとして、千葉県の犬若浦という入り江までやって来た。義経には愛犬が従っていたが、そこから先は船に乗らなければならず、義経は犬を犬若浦の海岸に残して船出した。

残された犬は、義経のことを思って7日間も吠えつづけ、最後には岩になったという。その吠え声から、「犬吠埼」という名がついたと伝えられている。

横浜港近くにある「フランス山」の由来とは？

横浜の港の見える丘公園の北西側にある「フランス山」という小高い丘に「フランス」という名がついたのは、幕末、フランス軍が駐屯したことが関係している。

幕末、薩摩藩士が英国人を殺傷した生麦事件が発生すると、フランスは自国民保護という名目で、軍を上陸させ、ここに陣営を張ったのである。その後、フランスは「居留地の防衛をフランス軍に一任する」と幕府に提案し、幕府はこれを認める。

ただし、この丘には、イギリスも陣を張り、「フランス山」とは呼びたくないイギリス側は、この山を「トワンテ山」と呼んでいたと伝わっている。

「油壺」の「油」って一体どんな油？

三浦半島の油壺は、ヨットハーバーで有名なリゾート地。ところが、この「油壺」

の「油」は「人の血」を意味している。かつて、この地で多数の武士が敗死し、その血が湾一面に広がって「油」のように見えた。そこから「油壺」という地名がついたのだ。

油壺で血を流したのは、関東の名族・三浦一族で、彼らを追い詰めたのは戦国大名の北条早雲である。北条早雲に対して、三浦氏は油壺近くの新井城で抵抗するが、多くの兵が討ち死に、生き残った兵も湾に飛び込んで自決した。

油壺周辺の漁師には、今も油壺湾には「三浦氏の亡霊がさまよっている」とささやく人もいるという。

「逗子」という地名に関わる2人の高僧って誰のこと？

神奈川県の逗子という地名には、行基と空海という2人の高僧が関わっている。行基は7世紀から8世紀にかけての高僧で、この地に延命寺を開いたとされる。

境内には行基がつくったとされる延命地蔵菩薩像があり、後には真言宗の開祖空海も立ち寄り、菩薩像を安置するための「厨子」を設けた。そこから、「逗子」という地名が生まれたと伝えられている。

「静岡」の地名に遺された近代日本の歴史とは？

静岡県は、明治4年の廃藩置県で、生まれた県名。静岡藩が静岡県になったのだが、その「静岡藩」という名も、明治2年生まれの新しい藩名だった。

そもそも、今の静岡県は、江戸時代は駿府藩と呼ばれ、幕末の頃は幕府直轄領だったが、明治維新後、徳川宗家の16代当主・家達《いえさと》が藩主となる。そのとき、駿府藩が別名・府中藩とも呼ばれていたことから、これが「不忠」に通じると考えられた。そこで、明治政府への恭順の意を示すため、駿府にある賤機山《しずはたやま》にちなんで、「賤が丘」と名づけるという動きがあった。

しかし、「賤」という字を使うのは卑屈すぎるということで、明治になって世の中も〝静か〟になったことから、賤を「静」にかえて静岡藩としたのだ。そのごく新しい名前で、2年後、県名に流用され、以後、約150年間も使われているというわけだ。

「修善寺」にあるお寺なのにどうして「修禅寺」？

静岡県伊豆市の温泉地・修善寺には、修禅寺というお寺がある。温泉名も町名も修善寺なのだが、寺名だけが「禅」と書く。

そう書く理由には、やはり禅宗がからんでいる。もともと修善寺と書く寺があり、それが地名にもなっていたのだが、1246年、鎌倉幕府の招きで、宋から蘭渓道《らんけいどう》隆《りゅう》という臨済宗の高僧が来日し、その寺に住むことになった。臨済宗は禅宗だからということで、「善」が「禅」に改められ、寺名は修禅寺と書くようになったのだ。

「休息」という熟語みたいな地名の名付け親は？

山梨県甲州市に「休息」という地名がある。いかにも〝一服〟したくなる名前だが、実際、この地名はある人が休んだことから名づけられたものだ。

ここで〝休息〟したのは、鎌倉時代に日蓮宗を興した日蓮。日蓮は文永年間（1264～1274）、この地にある金剛山胎蔵寺を訪ね、「立正安国論」を説いた。日蓮の教えに感銘を受けた同寺の住職は、それまでの真言宗から日蓮宗に改宗し、寺の名を立正寺とし、山号を休息山とした。その山号が、地名として残っているのだ。

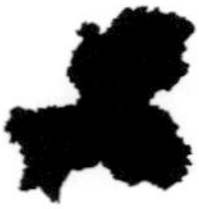

「下呂温泉」の名前はどこからきたのか

岐阜県下呂市の下呂温泉は、江戸時代の儒学者・林羅山が、草津温泉、有馬温泉と並んで日本三名泉に数えた名湯。また、「ゲロ」という響きから、印象に残りやすい温泉名でもある。

「下呂」は、古代、この地域にあった駅名に由来する。8世紀、東山道飛騨支道には、馬を乗り継いだりするための美濃国の菅田《すがた》駅と飛騨国の伴有《とまり》駅があり、両駅間はかなり離れていて、道も険しいことから、間に駅を置くことになった。それが下呂温泉のあるあたりで、当初、駅の名は「下留《しもとまり》」だった。それがやがて「げる」と呼ばれるようになり、転じて「げろ」となり、「下呂」の字が当てられるようになった。

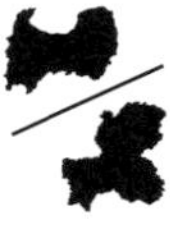

日本百名山の一つ「黒部五郎岳」の名の由来は？

黒部五郎岳は、富山県富山市と岐阜県飛騨市の県境にそびえる日本百名山の一つ。標高２８４０メートルで、岩がゴロゴロしていることから、この名がついた。

歌手の野口五郎の芸名が「野口五郎岳」（標高２９２４メートル）にちなんだという話は有名だが、デビュー前には「黒部五郎」も候補に挙がっていたという。

自殺の名所「東尋坊」の地名をめぐる伝説とは？

福井県の「東尋坊」は、断崖絶壁が続くことから「自殺の名所」としても有名な場所。その「東尋坊」という地名には、その名のとおり、僧侶（坊主）にまつわる伝説が残されている。

その僧侶の名こそ、東尋坊。彼はある娘に好意をいだき、そのことで寺侍と犬猿の仲になり、断崖の上から海に突き落とされ、殺されてしまう。以来、東尋坊が死んだ日には、海が大シケになったという。後に、他の僧侶が供養し、天変地異はおさまったものの、以降、この地は「東尋坊」と呼ばれるようになったという。

尾張という国名は、どこからきたのか

愛知県西部の旧国名は「尾張」。この名は、奈良から移り住んだ人々にちなんだ地名とみられる。

その昔、大和国葛城郡に、高尾張という集落があった。その地から今の愛知県に移住した人々がいて、尾張連《おわりむらじ》と呼ばれた。彼らは移り住んだ土地に、昔住んだ地名に近い名をつけた。それが「尾張」であり、その小さなエリアを表す地名がやがて国名に使われることになったのだ。

愛知県に「豊」がつく地名が多いのは気のせい？

愛知県には「豊」のつく地名が多い。豊川市、豊橋市、豊明市、そしてトヨタ自動車の本社がある豊田市と4市もある。ただし、「豊」という字を使う理由は、各市さまざまである。

まず、最古の歴史を持つのは「豊川」で、律令制の時代、すでに豊川郷と呼ばれていた。明治期の町村制施行で豊川村となり、その後、豊川町を経て豊川市に昇格した。

豊橋は、江戸時代には三河国吉田藩だったのだが、伊予国にも吉田藩があったため、別の名にすることを求められた。そこで、この地が豊川の河口にあり、鎌倉時代には今橋と呼ばれたことから、豊橋藩と改称した。それが、今日の豊橋市へとつながっている。

豊明市は、明治期の町村制施行の際、酒造業を営んでいた伊藤家の屋号「豊倉屋」と、明治の「明」からつけられた。当時の豊明村が、現在では豊明市になったのだ。

豊田は、地名としては4市のなかでもっとも新しい。昭和34年（1959）まで、この地の市名は挙母市だったのだが、トヨタ自動車の本社があり、また「挙母」が読みにくいことから、豊田市と改称したのだった。

奈良県の「箸墓古墳」の名前をめぐる噂の真相

奈良県桜井市の箸墓《はしはか》古墳。邪馬台国の卑弥呼の墓ともみられる3世紀に建設された古墳だ。

その名の由来は、『日本書紀』崇神天皇紀に記されている。崇神天皇の叔母の倭迹《やまとと》迹《と》日百襲姫《ひももそひめ》命は、三輪山に住む大物主神《おおものぬし》の妻となった。ところが、大物主神は夜暗くなってからしか来ないので、姫は姿を見ることができない。「明るいところで姿を見たい」という姫の頼みにこたえて、大物主神が姿を見せると、そこにいたのは小蛇だった。

姫が驚いて大声を出すと、大物主神は自分の姿を恥じて、三輪山に帰ってしまう。

姫は自らの行為を悔いて座り込むと、そこにあった箸で自らの陰部をつき、命を落としてしまう。そこから、姫の墓は「箸墓」と名づけられたというのだ。

ただし、これは後世の作り話であるのは確実。箸墓古墳の成立は3世紀頃、箸が日本に伝来したのは7世紀頃なので、時代が合わないのだ。もともと、この墓は「端の墓」と呼ばれ、「はじのはか」がやがて「はしはか」となり、「箸墓」の字が当てられたという説が有力だ。

京都府の「正面通り」は、そもそも何の〝正面〟？

京都を東西に貫く道の一つに「正面通り」がある。その名は、豊臣秀吉が建立した方広寺の大仏に由来する。大仏の正面という意味で、その名で呼ばれるようになったのだ。

初代の大仏は高さ19メートルの木製坐像だったが、地震で倒壊、その後、再建されるものの、再び地震で倒壊。3代目の仏像も造られたが、落雷で全焼。以来、大仏は

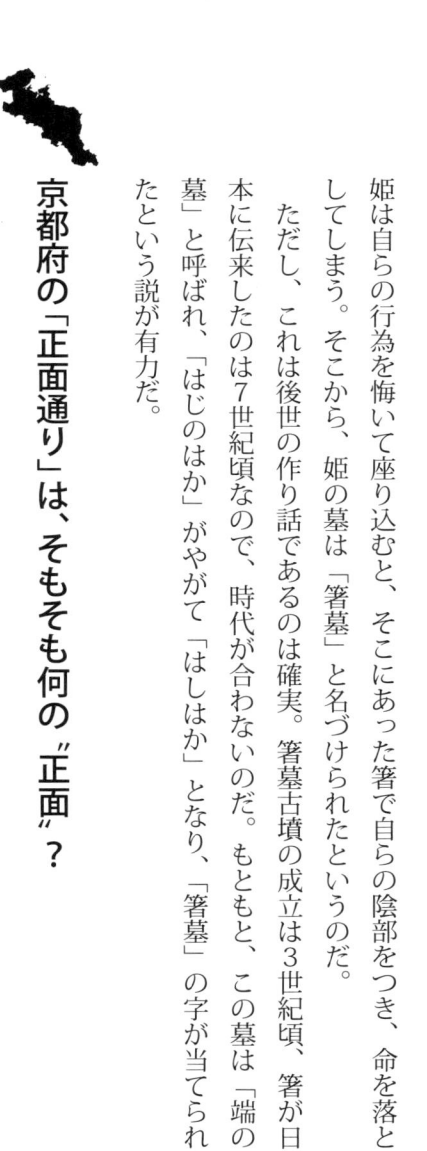

姿を消した。ところが、大仏の「正面」を名乗る通りは、現在まで大通りとして残ることになった。

伏見にある「桃山井伊掃部」の地名の意味は？

京都の伏見は、豊臣政権時代、秀吉が伏見城を居城としていたため、短期間ながら実質的には〝首都〟だったといえる場所。当時は、戦国大名たちが屋敷を置き、その痕跡は現代の地名にも残っている。

たとえば、伏見には「桃山井伊掃部《かもん》」という地名がある。これは、井伊掃部頭直孝（彦根藩主）の屋敷があった場所。「桃山福島太夫」は福島正則、「桃山毛利長門」は毛利長門守秀就《ひでなり》（毛利輝元の長男）、「桃山町政宗」は伊達政宗、「景勝町」は上杉景勝の屋敷があった場所だ。というように、伏見周辺の地図を眺めると、ざっと20くらいの戦国大名にちなんだ地名を発見できる。

京都の繁華街「新京極」にちらつく豊臣秀吉の影⁉

京都の繁華街・新京極は、豊臣秀吉の側室の名に由来する。

秀吉は、その全盛時代、新京極の近くに寺院を集めた。その寺町に最大のお寺、誓願寺を建てたのは、秀吉の側室だった「京極松の丸」。その名にちなんで、寺町通りの一部が、京極通り、あるいは寺町京極と呼ばれるようになった。その後、明治時代になって周辺の再開発が行われ、京極通りの隣にできたのが新京極だ。

「からすまる」と書いて「からすま」と読む「烏丸」のナゾ

「烏丸通り」といえば、京都市中を南北に走るメインストリートの一つ。これを「からすまるどおり」と呼ぶ人は、京都にうとい人。烏丸という地名は、京都の中心地である「烏丸四条」、地下鉄路線名の「烏丸線」にも使われるが、いずれも読み方は

「からすま」だ。

もともと、この地は「河原の洲に接した場所（河原洲際）」という意味で、「かわらすま」と呼ばれていたとみられる。それに「烏丸」という漢字が当てられ、時代を下るにつれて「からすまん」と呼ばれるようになり、さらに語尾が略されて「からすま」となった。

周りに山はないのに、どうして「千里山」？

阪急電鉄の千里山駅は、「山」といいながら、周囲に山はなく、住宅地が広がるばかりだ。では、以前は山だったかというと、そういうわけでもない。もともと、この地はなだらかな丘陵地だった。

それなのに、この地域は、平安時代から「山」と呼ばれてきた。まず、寂蓮法師が、この丘陵地を見て「寝山」と名づけたという。江戸時代になると、丘陵の起伏が数里にもおよぶことから、「千里《ちさと》山」と呼ばれるようになる。

明治時代、この一帯は千里村となり、大正10年、北大阪電気鉄道千里線が開通する。そのときから、「千里」を「せんり」と読むようになり、「千里山駅」は最初から「せんりやまえき」と呼ばれた。さらに、昭和6年頃から、地名も「せんりやま」と読まれるようになった。

梅田と梅はどんな関係？

大阪の梅田といえば、「キタ」という別名でも知られる大阪最大の繁華街。しかし、江戸前期あたりまで、この地域は低湿地帯で、泥土を埋め立てて田畑にしたことから「埋田」と呼ばれていた。

それが「梅田」となったのは、明和6年（１７６４）のこと。この地に「埋田墓地」がつくられ、墓地と当時遊廓だった曽根崎新地とを結ぶ道をつくることになった。その際、「埋田道」では印象が悪いということで、産土神である綱敷天神社などとゆかりのある梅の字をとって「梅田」としたのだ。

「上町A」「上町B」…なぜ地名にアルファベットがついている？

大阪中央区には「上町Ａ」という地名がある。Ａだけでなく、上町Ｂ、上町Ｃもある。アルファベット付きの地名が生まれた背景には、合併に伴ういざこざがあった。

発端は昭和54年、上町の隣にある広小路町、寺山町、内安堂寺町などが合併し、上町一丁目という町名にしたことだ。もっとも当時は、上町一丁目は東区、上町は南区だったので、さほどの混乱は生じなかった。

問題は、平成元年、東区と南区が合併して、中央区になったことによって生じた。同じ中央区内に、上町と上町一丁目があると、さまざまな面倒が生じかねない。

そこで、行政は、旧南区の上町に、町名を上町二丁目とするよう要請したが、「昔から上町を名乗っていたのは自分たち」と住民は反発する。代案として上町のあとに1番、2番、3番ではなく、Ａ、Ｂ、Ｃと表記することにしたのだ。

三重という地名の由来は日本神話にあった⁉

三重という名は、日本武尊をめぐる伝承に由来する。

日本武尊は、東国の蝦夷を制圧後、大和への帰途についた。途中、日本武尊は疲弊し、今の四日市あたりに着いたときには、足が〝三重に曲がる〟ほど、疲れていた。日本武尊はそのまま今の三重県の亀山で亡くなる。やがて、日本武尊の足が〝三重〟に曲がった地であることから、三重という地名がつけられた。

宝塚には、一体どんな〝お宝〟があったのか

宝塚歌劇団の本拠地として名高い兵庫県宝塚市。その名は、この地にあった〝宝〟に由来する。

宝塚市周辺には古墳が多く、昔から「このあたりで物を拾った人は幸せになる」という言い伝えがあった。幸せになる物＝宝がある塚（古墳）という意味で、宝塚となったのだ。

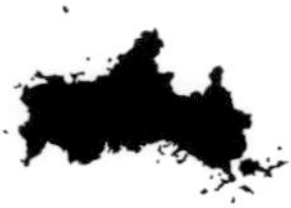

なぜ周南市には「銀座」も「新宿」も「青山」もあるのか

山口県の周南《しゅうなん》市には、「新宿」や「銀座」という繁華街がある。他にも「青山町」「代々木通り」「代々木公園」「原宿町」「千代田」「有楽町」「晴海町」という地名もある。

そうした地名は、旧徳山市時代の昭和22年頃につけられたもの。戦前、徳山市には海軍燃料廠があったこともあって、米軍の空襲を受け、市街地の約9割が焼失した。戦後、復興事業が行われるなか、東京の地名を真似ることになったのだ。

新地名は、市の「町名地番整理委員会」によって正式に定められたもの。その際、もとは「今宿」だった場所が新宿や原宿町に、もとの「代々小路」が代々木のように名づけられたという。

そもそも丸亀市の〝丸い亀〟ってなんのこと？

香川県丸亀市の名は、丸亀城に由来する。

丸亀城は、16世紀の終わり頃、生駒親正《ちかまさ》によって築かれた城。その姿が〝丸い亀〟に似ていることから、丸亀城と呼ばれるようになり、やがて城下町も丸亀の名で呼ばれるようになったという。

栗の木がほとんどないのに、栗林公園ってヘンじゃない？

香川県高松市の栗林公園は、ミシュラン観光ガイドで最高位の3つ星を獲得したこともある名園。園内にはカエデ、ツツジ、マツ、ウメ、サクラなど、さまざまな木や花が植えられているが、不思議なことに栗の木はほとんどない。日暮亭と名づけられた茶室近くに、10本ほど植えられているだけだ。

それなのに、「栗林」と名づけられたのは、高松藩の藩主・松平家の別邸・栗林荘にちなんでのことだ。

松平家では、初代頼重の時代から造園に力を入れ、代々、庭内の範囲や施設を拡大。5代頼恭の時代に、中国の古典『荘子』に出てくる「遊於栗林」から、栗林荘と名づけた。「栗林」には里山という意味があり、「遊於栗林」は「里山で遊ぶ」という意味だ。

「四万十市」も「四万十町」もあるのはどんなワケ？

四万十《しまんと》市は、中村市と西土佐村が合併して生まれた。一方、四万十町は、大正町、十和《とおわ》村、窪川町が合併して生まれた。それぞれの合併協議会で名前が決定し、その後も両者が譲り合うことがなかったので、「四万十」と名乗る市と町が生まれることになった。名称決定は、町のほうが早かったのだが、わずか6日間の差だったので、市のほうも妥協しなかったのだ。

なお、もともと旧中村市内には四万十町があったが、こちらは四万十市中村四万十町と改名している。

鹿児島の繁華街「天文館」の名前はどこからきたか

鹿児島市きっての繁華街、天文館通り。天文館という名は、1779年、当時の薩摩藩主の島津重豪が、天体観測所を設けたことに由来する。

その正式名称は「明時館」だったが、一般には「天文館」とも呼ばれた。その天文館が近くにあったことから、やがて通りに天文館という名がついたのである。

Column 2

日本人の9割が知らない秘密の地理ネタ②

□日本の本州は、世界で2番目に人口の多い「島」。面積は世界7位。なお、人口トップは、インドネシアのジャワ島。

□最近の教科書では、「リアス式海岸」が「リアス海岸」に変更されている。

□日本国内で、世界遺産のない「地方」は、四国地方だけ。現在、「四国八十八カ所霊場と遍路道」を世界遺産に登録するため、協議会などが活動中。

□東京には二つの世界遺産がある。国立西洋美術館本館（ル・コルビュジエの建築と都市計画の一部）と小笠原諸島。

□日本国内で最も日照時間が短いのは、鹿児島県の奄美大島。それだけ、雨が多いということ。

□群馬県には、神戸駅がある。読み方は「こうべ」ではなく、「ごうど」。

□熊本県には、クマはいない模様。

□北海道には、釧路市と釧路町がある。

□青森県には、横浜町がある。

□海なし県にある政令指定都市は、「さいたま市」のみ。

□埼玉県は、フルートの製造で世界シェアの70％を占めている。

□日本一広い小選挙区、北海道7区の面積は、四国とほぼ同じ。

□富山市は、富山県の面積の29％を占めている。

□富士山は、戦前は5番目に高い山だった。4番目までは、いずれも現在の台湾にあった。

□地下鉄丸の内線の本郷三丁目駅は、本郷二丁目にある。１９５４年の開業当時の住所は本郷三丁目だったが、１９６５年の町名変更で、住所が本郷二丁目になったため。

□東京ドイツ村は、東京都内でもドイツ国内でもなく、千葉県袖ケ浦市にある。

□ＪＲ四谷駅は、新宿区四谷ではなく、千代田区麹町にある。

□名古屋空港は、名古屋市ではなく、小牧市にある。

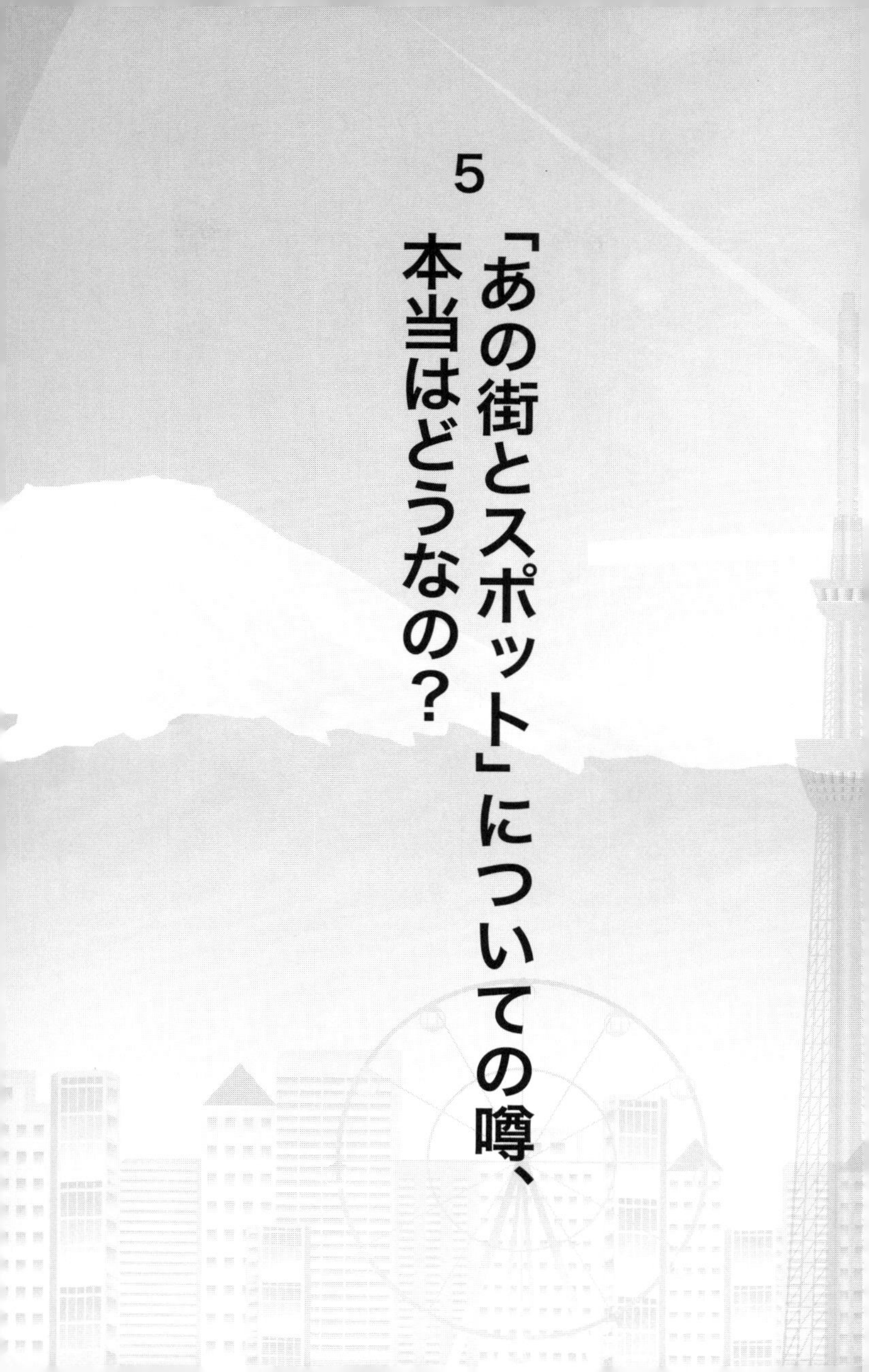

5 「あの街とスポット」についての噂、本当はどうなの？

霞が関はいかにして「官庁街」となったか

東京の霞が関には、中央官庁が立ち並んでいるが、そうなった背景には明治新政府の財政難があった。江戸時代、今の霞が関一帯には有力大名の屋敷が立ち並んでいたが、明治維新後、その屋敷は必要なくなった。そこに、新政府は目を付けた。

新政府は、官庁舎を新たに建てる費用にも事欠いていた。そこで、霞が関の旧大名屋敷をそのまま官庁に転用したのだ。まず、外務省や海軍省が入り、その後、内務省や司法省などの官庁が移ってきて、現在の官庁街の原型ができあがった。

深川に寺が集中している深い理由

東京都江東区の深川は、寺社が多いことで知られる。深川が寺町になった原因は、江戸時代、市中が大火に見舞われたことである。１６５７年の明暦の大火で、多数の寺院が焼け落ちた際、幕府は川向こう（隅田川の東側）の深川に寺を集めたのだ。たとえば、深川の霊巌寺《れいがんじ》は、その際、深川に移転した寺院。この寺院だけで、13もの末寺を引き連れて移ったと記録されている。

いつから両国は「相撲の町」として発展したの？

東京都墨田区の両国には、国技館や多数の相撲部屋がある。両国は、江戸中期から相撲の町として発展してきた。そのきっかけとなったのは、やはり１６５７年の明暦の大火である。この大火では、数万人にのぼる人々が亡くなり、その供養に両国に回向院が建てられた。

やがて、回向院の境内で、勧進相撲が行われるようになる。勧進相撲は興行収益の一部を寺院に寄進することを目的にした興行。この回向院での勧進相撲が定着し、相撲と両国の関係は深まることになったのだ。

成城学園が東京屈指の高級住宅街になるまで

東京の高級住宅街・成城学園は、１００年前は砧《きぬた》村という寒村だった。その砧村が高級住宅地に変貌するきっかけとなったのは、成城学園がこの地へ移転したことである。成城学園はもとは牛込にあったのだが、大正14年、広い土地を求めて砧村に移ったのだった。その際、成城学園は、小田急電鉄と交渉し、この地まで鉄道を走らせた。また、学校周辺の土地を余分に買って、宅地として整備した。その街並みが人々を呼び、成城学園は日本を代表する高級住宅街に成長してきたのだ。

どうして下町には問屋街が多いのか

東京の下町には、浅草橋の人形問屋街、合羽橋の台所用品問屋街など、多数の専門商店街がある。東京の下町地区に問屋街が発達した第一の理由は、水陸両方の交通の便がよかったことだ。東や北に向かう主街道に近いうえ、隅田川がそばを流れているため、水上交通の便もよかった。

そこで、全国から江戸に向けられた商品は、いったん下町の問屋街に集められ、そこから江戸市中に流れていった。その伝統を受け継ぎ、今も下町には問屋街が多いのだ。

湯島にラブホテルが多いナイショの裏事情

東京都の湯島界隈を歩くと、ラブホテルの看板を多数目にする。湯島と逢い引きの関係は深く、その歴史は江戸時代までさかのぼる。江戸時代、湯島のそばの上野不忍池のほとりには、数十軒の「出会い茶屋」が並んでいた。出会い茶屋は、男女が密会を楽しむ場だった。

明治時代になって、上野不忍池の出会い茶屋は姿を消したが、湯島は男女の街としての一面をとどめ、ラブホテルが目立つ街となったのだ。

明治政府はどうして群馬のはずれに富岡製糸場を建てた？

世界遺産に登録されている「富岡製糸場」。明治5年（1872）建設の日本初の官営模範製糸場だ。

同工場の建設は、明治新政府が「生糸」に目をつけたことから始まった。当時、生糸は日本最大の輸出品だったが、輸出量の急増によって、粗悪品が出回る事態に陥っていた。日本の生糸の評判が落ちることを危惧した政府は、高品質の生糸を供給するため、全国の工場の模範となる製糸場をつくろうと考えたのだ。

つまり、富岡製糸場は、多額の資金を投じて設立された国の一大プロジェクトだったのである。

それがなぜ、東京や横浜ではなく、群馬のはずれに建てられたのか？

まず、富岡周辺は養蚕が盛んな地であり、生糸の原料となる繭の調達が容易だったこと。製糸に必要な用水も備わっていたこと。さらには、当時、工場の動力は石炭だったが、高崎や吉井に炭鉱があり、近隣から石炭を調達できたことも大きかった。
というわけで、製糸に必要な条件が揃っていたのが富岡だったのである。

なぜ川越には「土蔵造りの家」が多いのか

土蔵の町として知られる埼玉県の川越市。川越で土蔵造りの建物が発達した理由は、川越を襲った2度の大火にある。

江戸初期まで、川越には茅葺き屋根の家が多かったのだが、寛永15年（1638）の大火で多数の家が燃え、その再建の際、火事対策として土蔵造りの商家が登場した。ただ、当時はまだ、茅葺きの家も少なくなかった。

それから250年後、川越は再び大火に見舞われ、家屋の3分の1が焼け落ちた。ところが、土蔵造りの商家が焼け残ったことから、川越の人々は再建する際、土蔵造りを採用、川越の商家に土蔵造りが増えることになったのだ。

自衛隊朝霞駐屯地の住所が東京都練馬区なのはなぜ？

自衛隊の朝霞《あさか》駐屯地は、埼玉県の朝霞市、新座《にいざ》市、和光市と、東京都の練馬区にまたがっている。そのうち、〝都内〟の部分はごくわずかな面積なのだが、同駐屯地の正式の住所は東京都練馬区になっている。

それは、〝都内〟のごく狭いエリアに、駐屯地を代表する東部方面総監部庁舎と正門があるため。ただし、電話番号は、０３ではなく、朝霞市と同じく０４８ではじまる。

大半が狭山市内にあるのに、どうして「入間基地」？

航空自衛隊の入間基地といえば、人員・面積ともに最大規模を誇る主要基地。狭山市と入間市にまたがっているが、敷地の90％は狭山市内にある。にもかかわらず、

「入間基地」と呼ばれるのは、かつてこの地が入間郡の一部だったからだ。

入間基地の前身は、昭和13年設立の陸軍航空士官学校。戦後は、アメリカ軍に接収され、ジョンソン基地と名づけられた。昭和29年、航空自衛隊が発足、昭和33年、入間基地が開設された。

当時すでに基地の敷地の大半は、入間郡入間町、入間村、堀兼村などの合併によって「狭山市」となっていたのだが、戦前から「入間」という地名になじんでいたこともあって、入間基地と名づけられ、現在に至っている。

厚木市にはないのに、どうして「厚木基地」？

神奈川県の米軍・厚木基地は、その名前からして、当然、厚木市内にあると思っている人が多いことだろう。ところが、同基地は大和市、綾瀬市、海老名市の3市にまたがっていて、厚木市に属する部分はないのだ。

そもそも、その土地は、昭和18年、旧海軍航空隊の基地となった場所で、そのとき、すでに厚木基地という名がつけられていた。そう名づけられたのは、当時、その周辺では厚木という地名が有名だったからとみられる。厚木基地といえば、他の土地の人にも、どのあたりか見当がつきやすかったのだ。その名称が、戦後、米軍にも受け継がれたというわけだ。

鎌倉といえば「文士の町」って誰が決めた？

神奈川県の鎌倉市は、文士の町として有名だ。川端康成をはじめとする多数の作家が鎌倉に住んできた。

作家が鎌倉に住みはじめたのは、大正時代半ばからのこと。東京から鎌倉へ向かう横須賀線が拡充され、交通の便がよくなると、富裕層が鎌倉に別荘を建て始め、作家たちもそれに続いた。大正５年（１９１６）、まず芥川龍之介が鎌倉に下宿し、彼がその土地の素晴らしさを文壇の知り合いたちに紹介。以後、多くの文士が鎌倉に移り住むようになった。

山下公園が誕生したのは、何がきっかけ？

横浜の山下公園は、関東大震災復興事業の一つとして造園され、昭和5年（1930）に開園した。関東大震災は、横浜にも大きな被害を与えた。その震災がれきや焦土の廃棄場所として利用されたのが、今の山下公園の土地だったのである。

それが、昭和に入って広場として活用されることになり、がれきの上に土をかぶせて公園として整備されたのである。当時の山下公園は、横浜では震災からの復興のシンボルであり、開園から5年後の昭和10年には、「復興記念横浜大博覧会」が催されている。

軽井沢が高級住宅地になったのは、何がきっかけ？

軽井沢に最初に目をつけたのは、アレキサンダー・クロフト・ショーというイギリス人。故郷のスコットランドに似た風土が気に入り、明治21年（1888）、別荘を建てた。ただ、当時は交通が不便で、別荘地としての人気は霧積温泉のほうが上だった。

両者の立場が逆転したのは、明治26年に信越本線が軽井沢を通ってからのこと。霧積温泉に行くには、軽井沢の隣駅である横川から10キロ以上も歩かなければならない。駅に近い軽井沢に人気が集まることになったのだ。

金津園には、いつから〝風俗〟のイメージがついた？

岐阜駅の南口を下りると、すぐ目の前に風俗街のネオンが見えてくる。そこが中部地方最大のソープ街として知られる「金津園《かなづえん》」だ。ソープ街のルーツは、明治21年5月、〝15年限り〟という条件付きで開かれた「金津遊郭」である。

そもそも、条件付きの許可を得てまで、なぜこの地に遊郭を置く必要があったのだろうか？　その理由は、廃藩置県後、県庁が笠松から岐阜に移転されたことにある。

岐阜が県庁所在地として機能するには、都市としての基盤を整える必要があった。しかし、そのコストを捻出する財力はない。そこで、遊郭を設置し、その収益でまかなおうという意図があったのだ。

その遊郭を中心に、遊郭で働く女性向けの美容院や呉服店、飲食店などが増え、風俗街、盛り場として、金津園は発展してきたのである。

なぜ、福井県では恐竜の化石が多数発見されるのか

福井県は、恐竜化石が多数発掘されることで知られる。かつて、日本には恐竜の化石はないとされていたが、昭和53年、岩手県で恐竜化石が発見されてのち、日本でもときおり恐竜化石が発見されるようになった。現在1道18県で発掘されていて、なかでも福井の恐竜化石は有名だ。フクイラプトル、フクイサウルス、フクイティタン、コシサウルスなどが、福井県出土の恐竜の学名だ。

福井県で恐竜化石が多数発見されるのは、「手取層群」という中生代の地層。この地には、かつて恐竜など、多数の生物が棲息していた。その白骨が洪水などによって川に集められ、川床に沈積し、やがて化石となったのだ。

手取層群は、北陸から岐阜県にかけて分布しているが、とりわけ、福井県で恐竜化石の発掘が進んでいるのは、福井県が早くから熱心に大規模な調査活動を行ってきたからだ。じつのところ、北陸で福井県よりも先に、恐竜化石が出土したのは、石川県白峰村（現・白山市）だった。福井県はそれに刺激を受けて、白峰村南方の手取層群である勝山市で調査を開始、次々と恐竜化石を発見してきたのだ。

若狭湾が〝原発銀座〟になるまでの歴史とは？

福井県の若狭湾沿岸には、原子力発電所が集中している。この沿岸に集中したのは、一つには、電力の大消費地である関西に近いわりには、僻地だったからである。電力会社は、僻地なら土地を確保しやすいと考えた。地元自治体も、財源と雇用を確保するには、好材料ととらえた。

もう一つの理由は、海沿いという点である。原発の運転には冷却水を必要とするが、海辺なら海水でまかなえる。そうした条件がそろっていたのが、若狭湾沿岸だったのだ。

金沢が道に迷いやすいといわれる意外な理由

石川県金沢市は、迷路のような町並みで知られる。それは、この地を治めていた前田家が意図的にそうしたためで、その目的はむろん、敵の侵入を食い止めることにあった。

前田家は、もともと豊臣家と関係が深かった分、徳川幕府からにらまれていた。そこで、他の城下町にまして、複雑な都市計画を施したのだった。また、他の城下町は太平洋戦争で焼け、再建するときに直線的な道をつくったが、金沢市は戦災に遭わなかったので、迷路のような町並みが今も残っているのだ。

どうして滋賀の栗東に、競馬のトレセンが建てられた？

ＪＲＡに所属する競走馬は、東西２カ所のトレーニングセンター（トレセン）で調教され、レースに臨んでいる。基本的には、関東地区の馬は美浦《みほ》（茨城県美浦村）、関西地区の馬は栗東《りっとう》（滋賀県栗東市）のトレセンに集められ、調教が行われている。トレセンができる前まで、競走馬は各競馬場内で調教していた。しかし、昭和30年代から競馬人気が高まって競走馬が増えたこと、競馬場周辺の都市化にともなって悪臭問題が生じたことなどによって、競走馬を一元的に管理できる施設が設けられることになった。そうして、昭和44年11月、ＪＲＡで初となる栗東トレーニング・センターが誕生した。

滋賀県の栗東市が選ばれたのは、京都、阪神、中京の各競馬場から近いわりに、広大な土地があること。また、降雪が少ないという条件を満たしていたからだ。現在、１５１万９０００平方メートルの敷地に、約２０００頭の馬を収容できる馬房、馬の診療所、調教コースやプールなど、さまざまな設備が設けられ、競走馬の育成が行われている。

そもそも伊賀はなぜ忍者の里になったのか

三重県の伊賀市は、忍者の里として知られる。

伊賀で忍者が生まれた理由は、大きく分けて三つある。一つは、伊賀地方が四方を山に囲まれているため、昔から大きな権力が成立せず、小領主らによる割拠がつづいていたこと。小領主同士がしのぎを削るなか、奇襲や諜報活動といった巧緻な戦術に磨きがかかったのだ。

二つ目は、伊賀の土壌が粘土質で、農耕に不向きなこと。伊賀の人々は生計を立てるため、傭兵として出稼ぎに出るようになり、彼らの技はさらに進化していった。

三つ目は、山岳地帯の伊賀周辺には、修験道と関わりの深い霊山などが多いことが挙げられる。山伏や修験者らと接するうち、彼らの修行法が伊賀忍者にも伝わり、それが忍者の技術をより高めたと考えられる。

四日市がコンビナート地帯になるまでの経緯

三重県四日市市は、江戸時代には、東海道の宿場として栄え、大正時代には、毛織物や綿の輸出で発展した。それが一気に方向転換したのは、昭和14年（1939）のこと。四日市湾の埋め立てが行われ、海軍燃料工廠が設立されてからのことである。以降は軍需工場が増え、現在まで四日市市は重工業の街として歩むことになった。

太平洋戦争中には、石油コンビナートが空襲の標的となり、壊滅的な被害を受けるが、戦後、復興を遂げ、現在に至る一大石油化学コンビナート地帯を形成した。昭和30年代後半には、工場から排出した汚染物質が原因で「四日市ぜんそく」が発生、社会問題となったこともある。

そうした過去を払拭するように、近年は〝夜景工場クルーズ〟などの見学ツアーが注目を集め、とりわけ夜の幻想的な工場風景が人気の的となっている。

三重の山中に、鈴鹿サーキットがつくられるまで

日本モータリゼーションの〝聖地〟といわれ、世界中のレーサーが憧れる「鈴鹿サーキット」。このサーキット場は、ホンダの創業者、本田宗一郎が生んだコースである。

鈴鹿市との縁は、ホンダの新工場設立計画からはじまった。昭和33年夏発表の「スーパーカブ」をヒットさせたホンダは、浜松・埼玉の工場では生産が追いつかなくなることを見越して、工場用地を探していた。候補地はいくつかあったが、平坦で十分な広さを持つ鈴鹿に白羽の矢が立ち、工場が設立された。

その後、サーキット建設を決めたときも、最終的に鈴鹿が選ばれたが、建設されたのは木の生い茂る丘陵地。要するに、山の中にコースをつくったのは、近隣住民の生活に極力、影響を与えないという本田宗一郎の意向があったからだという。山の中であれば、農地を買い上げたり、用水路を壊したりする必要がなかったというわけだ。

三島由紀夫の『潮騒』のモデルになった島の話

三島由紀夫の『潮騒』は、漁師の青年・新治と海女の娘・初江の恋模様を描いた小説。舞台となる島の描写も、この小説の魅力の一つだ。

この島のモデルになったのは、三重県鳥羽市にある神島《かみしま》。三島は『潮騒』を書くにあたって、水産庁に、都会の影響を受けておらず、風光明媚で、経済的にもやや富裕な漁村を探してくれるよう依頼、白羽の矢が立ったのが神島だった。過去、『潮騒』が何度も映画化された際にも、ロケ地にはこの島が使われてきた。

そんな神島は、今では『潮騒』のモデルの島としてさまざまなアピールをしている。神島港に降りると「三島文学　潮騒の地」と書かれた碑があり、新治と初江がたき火をはさんで裸で向かい合った小屋「監的哨跡《かんてきしょうあと》」（旧陸軍が大砲の試着弾を確認するための施設跡）や、2人が参拝した八代神社は人気スポットになっている。さらに平成18年には「恋人の聖地」の一つに選ばれ、カップル旅行やプロポーズにふさわしい場所としても知られるようになっている。

京都の〝碁盤の目〟って、一つどのくらいの大きさ？

京都の町は、よく「碁盤の目のよう」といわれる。それは、京都の町の原型である平安京が、碁盤の目のようにつくられたからだ。

平安京の大きさは、東西４・５キロ、南北５・２キロの長方形で、そこに南北に幅8丈（約24メートル）から28丈（約84メートル）の11の大路を走らせた。一方、東西には13の大路を走らせた。それぞれの大路の間には、幅４丈（約12メートル）の小路が走り、これら大路と小路によって、京都の町は碁盤の目のように区切られたのである。

それら碁盤の目の一つひとつは、本来は40丈（約１２０メートル）四方で、京都では、大路・小路で区切られた約１２０メートル四方の区画が一つの町として扱われてきた。その後、京都の町は、応仁の乱などによって荒廃し、道幅が狭くなったり、道自体がなくなったりもしたが、基本的なかたちは平安時代とさほど変わっていない。

今も、京都の町は、約１２０メートル四方の碁盤の目によって構成されているのだ。

日本で唯一陸上自衛隊の駐屯地がない奈良県のナゾ

陸上自衛隊の駐屯地は46都道府県に置かれているのだが、なぜか奈良県にだけはない。その理由ははっきりしないが、大阪や京都など、隣接する府県に駐屯地があり、近畿地方は自衛隊が発足した当時から交通網が発達していたので、必要なかったということのようだ。

なお、奈良県の場合、県が自衛隊に災害出動を要請した際に、京都の自衛隊が派遣されたことがある。

標準時子午線は12市通るのに、なぜ明石ばかりが有名に？

兵庫県明石市は「子午線のまち」として知られる。日本の標準時である東経１３５

度線が明石市を通っているからだ。

ところが、東経１３５度線が通っている自治体は、京都府の京丹後市や福知山市、兵庫県の豊岡市、丹波市など、全部で12市もある。それなのに、明石市ばかりが有名なのは、日本で最初に子午線が通っていることをキャッチフレーズにしたからだろう。

日本が東経１３５度を日本の標準時とするのを決めたのは、明治19年のこと。だが、当初は、自分たちの町に東経１３５度線を通っていることをアピールする市はなかった。明治43年（１９１０）になって初めて、明石市が「大日本中央標準時子午線通地識標」と記した高さ3メートルほどの石柱を立てる。それが「子午線のまち」としての明石市の始まりで、昭和35年（１９６０）には、子午線上に天文科学館が設立され、以後、明石市は「子午線のまち」として定着することになったのだ。

芦屋が高級住宅街になったのはどうしてか

関西随一の高級住宅街、芦屋。明治中期までは精道《せいどう》村という寒村だったが、明治38

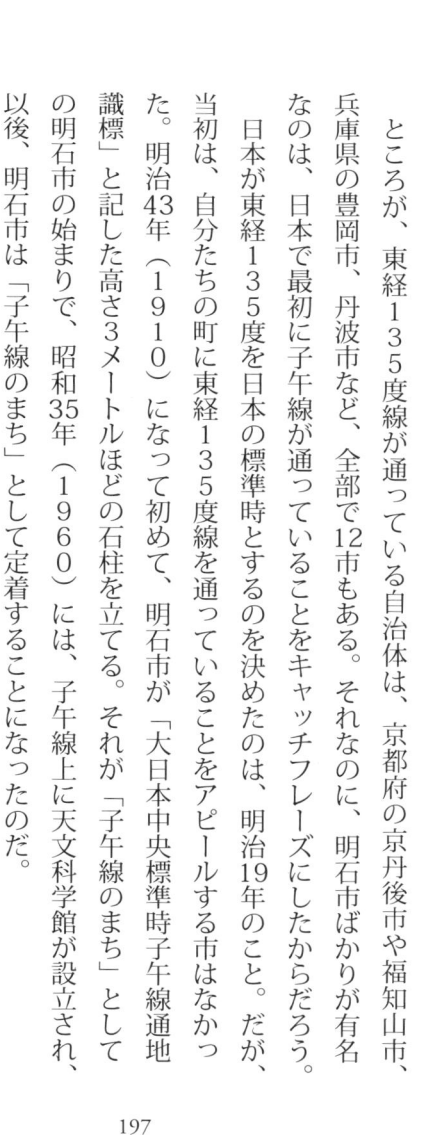

年（１９０５）に阪神電鉄が梅田（大阪）から芦屋まで開通し、注目を浴びる。大阪の財産家が、海にも山にも近いこの地に、別荘を建てはじめたのだ。

大正時代、国鉄や阪急電鉄が芦屋まで開通すると、住宅地としても注目され、開発が加速。昭和15年（１９４０）、精道村から一気に「芦屋市」に昇格したのだった。

呉が軍港に選ばれた地理的理由とは？

広島県呉市は、戦前は軍港として栄えた港町。呉が軍港への道をたどるきっかけとなったのは、明治19年（１８８６）に発令された海軍条例による。

明治政府が軍備拡充に力を注ぐなか、海軍は全国を5海区に分割し、そのうちの4海区に鎮守府を置くことにし、その第2海軍区の鎮守府に呉港を選んだのである。呉鎮守府の創設後も、巨額の資金が投じられ、造船部のドックや兵器製造のための工場が建設されていった。それとともに呉の町も急速に発展を遂げたのである。

小さな農村に過ぎなかった呉が、海軍の重要拠点に選ばれたのは、瀬戸内海に面していることから、多くの小島が港をおおい隠し、敵を防ぐのに都合がよかったからだ。
また、紀伊水道、豊予海峡、下関海峡の三つの出口が確保されていたことや、海が穏やかで艦船の停泊に適していたことなど、軍港の立地条件にかなっていたからである。

瀬戸大橋を架ける場所はどうやって決まった？

瀬戸大橋は、昭和63年開通の本州と四国を結ぶ初の連絡橋。岡山県倉敷市児島と香川県坂出市を結んで「児島・坂出ルート」と呼ばれているが、当初からこのルートに決まっていたわけではない。

本州と四国を結ぶ連絡橋には、現在開通している「神戸・鳴門ルート」「尾道・今治ルート」のほか、瀬戸大橋の候補として「日比・高松ルート」「宇野・高松ルート」も挙がっていた。

瀬戸大橋だけ、3ルートも候補にあがったのは、当時の香川県知事が「ルートが多いほうが、国に対して説得力が強い」と考えたためだった。候補地となった自治体は

いずれも盛んに誘致活動を行ったが、最終的に「岩盤が固く、島が多くてスパンが短い」ということで「児島・坂出ルート」が選ばれたのだった。

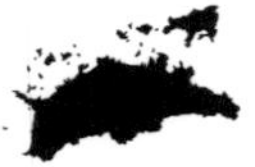

観音寺の砂浜に描かれた巨大な砂絵の正体は？

香川県観音寺市の名所の一つに、「有明浜の砂絵」がある。江戸時代の通貨「寛永通宝」が、東西幅１２２メートル、南北幅90メートルという巨大スケールで描かれているのだ。寛永通宝は円形なのに、砂絵が楕円なのは、近くの琴弾山《ことひきやま》の頂上から眺めたとき、きれいな円に見せるためだ。

この巨大な砂絵が、いつ何のために描かれたかをめぐっては、諸説ある。観音寺市の説明によると、寛永10年（１６３３）、高松藩主・生駒高俊を歓迎するために、一夜にしてつくったというもの。だが、寛永通宝の鋳造開始は寛永13年で、寛永10年にはまだ登場していないので、この説が間違いであることははっきりしている。

有力とされるのは、安政年間（１８５４～６０）につくられたという説。当時、有明浜に沿岸警備のため砲台を置くことになり、視察に訪れた丸亀藩主・京極朗徹を歓迎するために描いたという説だ。

なぜ福岡市には高層ビルが少ないのか

近頃では、大都市には、超高層ビルが立ち並んでいるものだが、福岡市の中心地には高層ビルはあっても、超高層ビルは見かけない。

これは、空港が近いため。福岡空港が、同市の中心地である博多や天神から、ほんの数キロの位置にあるため、福岡市内は航空法によって建築物の高さが制限されているのだ。そのため、福岡市街は、大都市のわりに超高層ビルが少ないというわけ。

長崎の祭りを「くんち」と呼ぶ理由

長崎くんちは、長崎市の諏訪神社の秋の大祭。「龍踊《じゃおどり》」や「阿蘭陀万才《おらんだまんざい》」「唐人船」

など、異国情緒あふれるダイナミックな奉納踊が特徴だ。

今は10月7日から9日までの3日間行われているが、かつては旧暦の9月7日と9日に行われ、それが「長崎くんち」という祭名の語源だ。「9日」を長崎では「くんち」という。9月9日は長陽の節句にあたり、縁起のいい日とされることにあやかって「長崎くんち」と呼ぶようになったのだ。

長崎県には、ほかにも浦上くんちや式見くんちなど、「くんち」がつく祭がたくさんある。9日に開催されるとは限らないのだが、長崎くんちによって「くんち」が秋祭の代名詞となり、各地の祭りが「○○くんち」と呼ばれるようになったのだ。

首里城の正殿が西を向いて建てられている理由

琉球王国の王城・首里城は、沖縄戦の戦火にあい、現在の正殿は復元されたもの。その正殿をめぐっては、一つの謎がある。

首里城の正殿は、中国の紫禁城を模したものとされるが、中国には「天子は南面す」という言葉があり、正殿は南向きに建てられるのが、しきたりだ。ところが、首里城の正殿は西を向いているのだ。

その理由をめぐっては諸説あり、その一つは風水由来説。首里城は、中国の風水思想に基づいて建てられ、背後が高く、前が低く広がる造りにした結果、地形との関係から西向きになったという説だ。

あるいは、中国大陸の方向に向けるため、西を向いているという説もある。当時、琉球は中国に朝貢していたので、その方角に正対するように建てたという説だ。

あるいは、聖地との地理関係にもとづくという説もある。首里城の東方には最高の聖地、斎場御嶽《せーふぁーうたき》があり、さらに東には琉球神話の聖地・久高島《くだかじま》がある。二つの聖地の力を背後から受けられるように西向きにした、というのだ。

Column 3
日本人の9割が知らない秘密の地理ネタ③

▼難読市名の由来

□稚内市《わっかないし》――北海道最北端の市。アイヌ語の「ヤム - ワッカ - ナイ」（冷たい飲み水の川という意味）に漢字を当てた名前。なお、「稚」にはおさないという意味があり、「稚い」で「わかい」と読む。

□留萌市《るもいし》――北海道の市。アイヌ語で「潮の静かな川」を意味する言葉に、漢字を当てた地名。

□美唄市《びばいし》――北海道の市。アイヌ語で「カラス貝がたくさんいるところ」という意味の言葉に、漢字を当てた。

□苫小牧市《とまこまいし》——北海道の市。アイヌ語で「山奥に入っていく川」という意味の言葉に、漢字を当てた名。

□八街市《やちまたし》——千葉県の市。明治時代に開拓された新田のなかで、8番目に開拓されたことから、この名になった。

□潮来市《いたこし》——茨城県の市。古くは「板来」と書き、利根川から〝潮《イタ》が来る〟という意味とみられる。

□三郷市《みさとし》——埼玉県の市。昭和31年、東和、彦成、早稲田の3村が合併した際に、三つの郷からなるという意味で、「三郷」という地名が生まれた。

□幸手市《さってし》——埼玉県の市。日本武尊が東征の際、この地の「薩手が島」に上陸し、そこから「幸手」に転じたという説がある。

□狛江市《こまえし》――東京都の市。朝鮮から渡来した「高麗《こま》の人が住む入り江」が「狛江」に転じたという説がある。

□知立市《ちりゅうし》――愛知県の市。江戸時代の宿場、東海道五十三次の「池鯉鮒《ちりふ》(宿)」が「知立」に転訛した。

□各務原市《かかみがはらし》――岐阜県の市。古代に銅鏡などをつくる鏡作部《かがみつくりべ》がいたことに由来する地名。

□可児市《かにし》――岐阜県の市。この地を開拓した可児氏に由来するとみられる。

□糸魚川市《いといがわし》――新潟県の市。糸魚《いとよ》の来るキレイな川が流れていたことに由来すると伝わる。

□枚方市《ひらかたし》――大阪府の市。『日本書紀』には「白肩之津《しらかたのつ》」とある。江戸っ子とは逆に、「し」が「ひ」に変化して「ひらかた」になったとみられる。

□美作市《みまさかし》――岡山県の市。地形から「みさか(御坂・三坂)」、あるいは「うまさけ(美酒の産地）」が「美作」に転じたという説がある。

□向日市《むこうし》――京都府の市。この地の鎮守の「向日《むこう》明神」に由来する。

□米原市《まいばらし》――滋賀県の市。前原→舞原→米原と変化したとみられる。

□御所市《ごせし》――奈良県の市。市名は、葛城川の五つの瀬に由来するという説がある。あるいは、天皇の御諸《みむろ》から変化したという説もある。

□今治市《いまばりし》――愛媛県の市。ハリは「墾《は》る」からきており、近世（今）になってから新しく開墾された土地という意味。

□直方市《のおがたし》――福岡県の市。南北朝時代、懐良親王が少弐氏と戦った際、この地は〝王方〟だったので、それがなまって「のおがた」になった。

▼同じ書き方でも、読み方が違う地名

★日本列島には、同じ書き方でも、読み方が違う地名が多数あります。以下は、その代表例。正しく読めますか？

□雄勝（秋田県）……「おがち」。秋田県湯沢市にある町。

□雄勝（宮城県）……「おがつ」。宮城県石巻市にある町。

□曲田（秋田県）……「まがた」。秋田県大館市の地名。岩手県八幡平市の曲田も「マガタ」と読む。

□曲田（栃木県）……「まがった」。栃木県那須烏山市の地名。茨城県常総市の曲田も「マガッタ」と読む。

□曲田（福島県）……「まがりだ」。福島県会津坂下町の地名。

□歩行町（秋田県）……「おかちまち」。秋田県仙北市角館町の地名。岐阜県大垣市にも歩行町がある。

□歩行町（愛媛県）……「かちまち」。愛媛県松山市の町。こちらは「オ」はつかない。

□神戸（群馬県）……「ごうど」。群馬県みどり市の地名。「ゴウド」は、愛知県、神奈川県など、各地にある。

□神戸（岡山県）……「じんご」。岡山県津山市の神戸は「ジンゴ」と読む。

□神戸（和歌山県）……「こうど」。和歌山県紀の川市、貴志川町の神戸は「コウド」と読む。

□神戸（兵庫県）……「こうべ」。むろん、兵庫県の政令指定都市・神戸市は「コウベ」と読む。

□百々町（愛知県）……「どうどちょう」。愛知県岡崎市の町。

□百々町（石川県）……「どどまち」。石川県加賀市の町。こちらは「ドド」と短縮して読む。なお、岡山県美咲町の地名の「百々」は「ドウドウ」と読む。

▼一字地名の由来

□ロ《ろ》——千葉県旭市には「ロ」という地名がある。口《くち》ではなく、カタカナのロだ。明治22年、町村制が施行された際、「イロハ」順で、地名を割り振ったことの名残りで、同市には、カタカナの「イ」「ハ」「ニ」という地名も残っている。

□加《か》——千葉県流山市の地名で、1～6丁目まである。桑村の「くわ」が「か」に変化、それに漢字を当てたとみられる。なお、同市には、木《き》という地名もある。こちらは、紀州から来た人々が入植したことに由来するなどの説がある。

□鮫《さめ》——青森県八戸市の地名。もとは鮫村という自治体で、JR八戸線には鮫駅がある。魚市場があり、スルメで有名な土地。

□土《ど》——静岡県清水区の地名。富山県富山市にも「土《ど》」がある。京都府福知山市には「土《つち》」がある。

□野《の》――群馬県桐生市の地名。ほか、埼玉県行田市、岐阜県大野町、兵庫県豊岡市、和歌山県有田市などにも「野」がある。

□学《がく》――徳島県吉野川市の地名。阿波国の学問所があったことに由来するとみられる。ＪＲ徳島線には「学駅」もあり、入場券が「入学」に通じることから、受験生に人気。

□陶《すえ》――山口県山口市の地名。古代、須恵器（焼物）づくりの技術者集団が渡来、定住していたことを示す地名。

□則《すなわち》――愛媛県宇和島市の地名。とくに理屈っぽいわけではなく、砂州に関係し、「州の内《スノウチ》」が転訛した語に、「則」の字を当てたとみられる。

□飯《い》――滋賀県米原市の地名。コメやメシではなく、「記紀」に伝えられる古代の女帝、飯豊《いいとよ》青皇女《あおのひめみこ》の名に由来すると伝わる。

□酢《す》――滋賀県東浅井郡の町。かつては「須」と記されていたようで、酸っぱい酢とは関係ない。

□多《おお》――奈良県磯城郡田原本町の地名。「多」には、古くは豊かな地という意味があったとみられる。

□渡《ど》――静岡県静岡市葵区にある地名。ワタリと読まないように。

□鉄《くろがね》――岡山県岡山市の地名。テツではない。

□妹《いもと》――滋賀県東近江市の地名。岡山県倉敷市には「妹《せ》」という地名がある。また、佐賀県神埼市千代田町には「姉《あね》」という地名がある。

6

「気象と地形」の読み方がわかると、モノの見方が変わる！

大きな川が東日本に集中している理由

東日本には、長さ200キロを超える川が10も流れているが、西日本はゼロ。流域面積も、東日本は1万平方キロを超える川が四つあるのに対し、西日本は淀川の約8000平方キロが最大だ。

大きな川が東日本に集まっている理由は、東日本には高山が多いこと。関西以西には2000メートル級の山がないのに、東日本には3000メートル級の山々が連なっている。また、西日本は平野部が狭いため、川はすぐに海に流れこんでしまうが、東日本は平野部分が広いため、河川は長くなり、流域面積が広くなるのだ。

日本にある「海抜マイナス150メートル」の場所といえば？

日本一標高の低い場所は、青森県八戸市の八戸鉱山にある。同鉱山では石灰岩が採掘されていて、南北2キロ、東西1キロにわたって露天掘りし、深く掘り進めた結果、最も深い地点は海抜マイナス150メートルにも達している。それが、露天では日本でもっとも低い場所となる。

八戸鉱山は今も掘り進めているので、2050年には日本一低い場所は海抜マイナス210メートルに達するとみられている。

ハノイより南にある「日本最南端」の場所といえば？

日本の最南端は、北緯20度25分にある沖ノ鳥島。その沖ノ鳥島の北緯20度25分は、ベトナムの首都ハノイよりも南になる。ハノイは21度1分にあるので、僅差ながら沖ノ鳥島のほうが南にあるのだ。

あるいは、グアム島があることで知られるマリアナ諸島の最北の島、ウラカス島は北緯20度33分なので、それよりも南にある。というわけで、日本の最南端は、南国のリゾート地と同じぐらいの位置にあるのだ。

世界一狭い海峡は、実は日本にあった！

香川県の小豆島にある「土《ど》渕《ふち》海峡」は世界一狭い海峡で、最も狭いところの幅は9・93メートルしかない。これは世界一狭い海峡としてギネスブックにも掲載されている。

ただし、ギネスブックへの掲載は、この長さ2・5キロの海峡が狭すぎて名前もなかったため、難航した。そこで、前島側の土庄地区と、小豆島本島側の渕崎地区から一文字ずつとって土渕と名づけ、地図にも載せたところ、1997年版のギネスブックでようやく認定された。

日本の海岸線って、他の国と比べてどの程度の長さ？

日本の海岸線は、全長3万3889キロ。アメリカの海岸線は約2万キロだから、日本のほうが長いのだ。

地球上の陸地の海岸線は、総延長距離で約40万キロなので、日本の海岸線は、その8％を占めているのだ。

なお、日本の国土面積は、世界の陸地全体の0・15％にすぎない。

日本で一番風の強い場所はどこ？

最大風速（10分間に吹いた風の平均の最大値）の最速記録は、昭和40年9月10日、高知県の室戸岬で台風23号が吹かせた秒速69・8メートル。

室戸岬は、四国南東に突き出た形をしているため、台風の通り道になりやすく、かつ強風が吹きつけるのだ。

一方、最大瞬間風速（0・25秒間に吹いた風の最大風速）の最高記録は、昭和41年9月5日、沖縄県の宮古島で観測された85・3メートルの風。ただし、最大風速、最大瞬間風速ともに、富士山頂での観測値をのぞく。

「○○山」「△△岳」「□□峰」の違いをひと言でいうと？

山名には、○○山と「山」がつく名もあれば、「岳」や「峰」がつく名もある。それらは厳密に使い分けられているわけではないが、一応のところ、基準らしきものはある。

まず、「岳」がつくのは、高く険しい山であることが多い。「峰」は尾根のように突き出した部分を指すことが多い。それ以外の場合には、最も一般的な言葉である「山」が使われている。

日本の国土が年々広くなっているウラ事情

日本の国土面積は、戦後じょじょに広くなり、戦後70年余りで、約5000平方キロ以上も広くなっている。

戦後の日本の国土面積が増えたのは、営々と海を埋め立ててきたから。東京、大阪、愛知を中心とする三大都市圏がその中心で、たとえば大阪では埋め立てによって面積が香川県を抜き、全国で最も狭い都道府県ではなくなったほどだ。

どうして北海道では太平洋側で霧が立ち込める？

釧路など、北海道の太平洋側では、7～8月頃、濃い「海霧」が発生する。

その海霧は、暖流と寒流がぶつかることによって生じる現象。この海域には夏場、黒潮（暖流）の影響で、暖かく湿った空気がたまっている。

そこへ、北から寒流である親潮が流れ込んでくると、海上の湿った空気は、寒流によって下から冷やされ、凝結する。それが海霧の正体で、やがて霧は陸へ流れ込み、釧路は霧の町と化すのだ。

「実は恐山という山は存在しない」ってどういうこと!?

「いたこの口寄せ」で知られる青森県下北半島の恐山《おそれざん》。ところが、恐山という名の独立峰は存在しない。恐山はこの地域の山の総称で、中央にある円錐形の火山と、それを取り巻く外輪山全体を指す。

この恐山のように、その名の独立峰がないというケースはほかにもある。九州の霧島山も、霧島山という独立峰はなく、霧島山は最高峰である韓国岳《からくにだけ》と、それに連なる山々の総称として使われている。

津軽海峡に海難事故が多いワケを気象面からみると?

津軽海峡は海難事故が多く、日本近海では最大の難所といっていい。まず、この海峡で最も危険なのは、冬の吹雪である。吹雪に視界をさえぎられると、海上では自分の位置さえわからなくなる。

また、津軽海峡は幅が狭く、最も狭いところは幅18キロしかない。その狭い海峡が太平洋と日本海をつないでいるので、潮の流れが速く、かつ複雑なのだ。加えて、暖かい海流と冷たい海流が、暖かい空気と冷たい空気を運んでくる。その温度差や気圧差が不規則な突風を生じさせることも、事故の要因になる。

東北地方に冷害をもたらす「ヤマセ」って何モノ?

東北地方の太平洋側では、「ヤマセ」と呼ばれる風が吹く。5~9月、北東から吹きつける冷たく湿った風で、気温を下げるだけでなく、農作物、とりわけ稲に冷害をもたらすやっかいものだ。

そんな風が吹くのは、オホーツク海高気圧と北東から流れてくる親潮の影響だ。オホーツク海で発達した高気圧から吹く冷たい空気が、寒流に乗って湿度を高めながら、東北の太平洋岸までやって来る。この風が奥羽山脈で止められて日本海岸へは流れずに、湿った冷気として太平洋側を覆う。その結果、太平洋側は冷たい風が吹き、冷害に悩まされることになるのだ。

三陸海岸の複雑な海岸線はどうやってできたのか

東北の三陸海岸は、出入りの激しいリアス海岸として名高い。その複雑な地形は、波の浸食作用によるものではなく、川がつくったものだ。

かつて氷河期には、三陸海岸あたりには多数の川が流れ、深い谷を形成していた。やがて氷河期が終わると、地表を覆っていた氷が溶けて、海面が上昇。三陸一帯の谷間や川の深い部分は湾となって海に没し、その谷間が複雑な海岸線となって残ったのだ。

松島に浮かんでいる260の島はどうやってできたのか

宮城県の松島といえば、「日本三景」の一つ。湾内に多数の島が浮かび、その数は

２６０余りにのぼる。

そうした島々が生まれた理由は、松島の地質と地殻変動にある。

今、島になっている部分は、大昔は陸地だったのだが、地質がやわらかい凝灰岩質だったため、河川の浸食をうけやすく、深い谷がきざまれた。その後、地盤が沈下し、谷の部分に海水が入り込み、海になった。一方、山だった部分は海面から頭を出して島になった。さらに、その島に波が打ち寄せ、海面近くの岩石を少しずつ削った。すると、深い刻み目ができ、そこが崩れると崖になる。松島の島々が切り立った断崖になっているのは、そのためだ。

真冬でも凍結しない中禅寺湖のひみつ

栃木県の中禅寺湖は、真冬でも凍結しない。北関東の冬は寒いうえ、中禅寺湖は標高１２６９メートルの高所にある。それなのに凍らないのは、水深が１６３メートルとひじょうに深いからだ。

水深の深い湖では、湖面近くの水と湖底近くの水が入れ替わる「対流現象」が起き、つねに水が動いている。そのため、川の水と同様に凍りにくいのだ。さらに、中禅寺湖では、吹き荒れる強風が湖面をかきまわし、いっそう凍りにくくしている。

御巣鷹山の山名は、かつて35カ所も存在していた！

「御巣鷹山《おすたかやま》」といえば、昭和60年に起きた日航ジャンボ機墜落事故で有名になった山。日航機が群馬県上野村の御巣鷹山の尾根に墜落、５２０名が死亡した。この事故で、御巣鷹山という耳慣れない山名を記憶した人も多いと思うが、じつは御巣鷹山は江戸時代にはよくある山名だった。

鷹狩りに使う鷹の雛を「巣鷹」といい、将軍家の鷹狩り用の巣鷹を育てる場所を「御巣鷹山」と呼んだのだ。なかでも、御巣鷹山が多かったのが群馬県で、『群馬県史』によると、幕府の直轄地だった山中領には、35カ所もの御巣鷹山があったという。

山中領は現在の上野村と神流町《かんなまち》にあたり、日航機が落ちた上野村の御巣鷹山は、江戸時代の御巣鷹山がそのまま山名に残った山というわけだ。

「百名山」の中で、〝異質〟な筑波山が選ばれたワケ

深田久弥の随筆集『日本百名山』には、登山家でもあった作家の深田が選んだ名山１００が挙げられている。富士山や北アルプスの山々など、名だたる名山が選ばれているが、ちょっと異質なのが筑波山だ。２０００メートル級、３０００メートル級の山が多くを占める中、筑波山の標高は８７７メートルしかないのだ。

深田自身、百名山の選定基準の一つを標高１５００メートル以上としている。にもかかわらず、深田が筑波山を選んだのは、一つは「歴史の古さ」だ。筑波山は『万葉集』にも登場し、奈良時代にはすでに親しまれていた山だ。また、深田の時代、東京から筑波山がよく見えていた。それも理由の一つだろう。

それらの特長が、標高の低さを帳消しにする魅力となり、百名山に選ばれたのだ。

関東平野はどうして晴れの日が多いのか

総務省統計局の「統計でみる都道府県のすがた２０１８」によると、２０１６年度、快晴日数が全国で最も多かったのは、埼玉県。２位は群馬県で、栃木県や茨城県もベスト10に入っている。関東平野は、総じて晴れの日が多いのだ。

関東地方がよく晴れるのは、関東平野が山に囲まれているからだ。とりわけ、冬場は日本海から吹く季節風が、山を越えるときに冷やされて、日本海側の地域に雪を降らせる。その風は、関東についた頃には水分を失っているので、関東の空気はからからに乾燥し、雨が降りにくくなるのだ。

なかでも、埼玉県が最もよく晴れるのは、関東平野の中心にあって、太平洋からも比較的離れているから。太平洋側で発生した雨雲も、沿岸にある神奈川県や東京都で雨を降らせたあと、埼玉にやって来るので、その頃には雨足が弱まっているというわけだ。

噴火したわけでもないのに「武甲山」が低くなったワケ

埼玉県秩父地方にある武甲山《ぶこうざん》のかつての標高は、１３３６メートル。ところが現在は、32メートルも低くなっている。武甲山が低くなったのは、人の手によって削りとられたから。

武甲山は、明治時代から石灰岩の採掘場として、山肌を削り取られてきた。とりわけ、１９７８年以降は、山頂付近で採掘されたために、噴火したわけでもないのに山の高さが変わることになったのである。

河口から60キロの地点が最も川幅が広い荒川の話

埼玉・東京を流れる荒川は、日本最大の川幅を誇る川。最大幅となるのは河口から60キロもさかのぼった埼玉県吉見町の御成橋付近で、川幅は２５３７メートルになる。

ふつう川幅は河口が一番広いものだが、荒川が河口から遠く離れて最大幅となるのは、荒川が昔、暴れ川だったためである。荒川はかつては氾濫を繰り返していたので、氾濫対策のため、広い河川敷が設けられた。その河川敷を含めた川幅が吉見町内では2・5キロにも広がっているのだ。

そもそも富士山はどうやって高くなった？

富士山は、何度も爆発を重ね、高くなってきた。そのため、富士山は古い火山を2つ内包している。それらの古い火山が噴火し、さらに高い山になってきたのだ。

富士山が何度も爆発した理由は、その特殊な地理的位置にある。富士山近くの海域では、太平洋プレート、フィリピンプレート、ユーラシアプレートの三つのプレートがぶつかりあっている。三つのプレートがこすれあってマグマが生まれ、そのマグマが噴出するたびに、富士山は高くなってきたのだ。

富士五湖のうち、本栖湖だけは凍らないって本当？

本栖湖、精進湖、西湖、河口湖、山中湖からなる富士五湖。いずれも、富士山が噴出した溶岩流が、川の流れをせき止めてできた堰止湖《せきとめこ》だ。

そんな富士五湖だが、本栖湖だけは他の湖とちょっと違う。他の４湖が冬になると凍るのに対して、本栖湖だけは凍らないのだ。

その理由は、本栖湖が飛び抜けて深いから。最深部は１２２メートルもあり、２番目に深い西湖の72メートル、３番目に深い精進湖の15メートルをはるかにしのぐ。そのため、気温が氷点下になっても、湖の底のほうはさほど冷たくならない。しかも、本栖湖の湖底では水が湧き出ている。湖底近くで対流現象が起きていることも、凍りにくい理由だ。

富士五湖ではなく、〝富士六湖〟だったっていつの時代の話？

富士山周辺の湖は、富士山が噴火するたびに、数が変わってきた。まず、９０００年前の噴火で二つの湖ができ、その後、９世紀の噴火などで、一時は六つになった。その〝富士六湖〟の時代には、現在の五湖に加え、忍野湖《おしのこ》があったのだが、その後、忍野湖は干上がって盆地となり、現在のような「富士五湖」になった。

遠州名物「からっ風」の仕組みをひと言で説明できる？

遠州（静岡県の西部）は、上州（群馬県）と並んで、からっ風で有名な土地。からっ風は冬場、山を越えて吹きつけてくる乾いた風のこと。遠州では、その風を利用した干し大根や芋切り干しづくりも盛んだ。

からっ風は、フェーン現象の一種といえる。風は、山の斜面を上昇していくとき、

100メートルにつき0・6度ずつ気温が下がる。一方、山を越えて吹き下ろすときは100メートルにつき1度ずつ温度が上がる。その温度差によって、暖かい風を平野部にもたらすのがフェーン現象だ。遠州の背後には、高い山並みが連なっている。その山を越えてくるから、遠州にはからっ風が吹くことになるのだ。

長野の川は、太平洋と日本海、どっちに流れる？

長野県を流れる信濃川は、長野県東部を源流とし、日本海にそそぐ日本一長い川。流域面積も第3位だ。信濃川は下流の新潟県での名前であり、長野県では千曲川《ちくまがわ》と呼ばれている。

この信濃川のイメージから、長野県の河川は日本海に流れる川が多いと思っている人もいるかもしれないが、太平洋にも複数の川が流れている。たとえば、太平洋側に注ぐ河川には、木曽川、天竜川、富士川がある。木曽川は日本で7番目に長く、天竜川は9番目。富士川は日本三大急流の一つとして知られる川だ。

どうして八ヶ岳周辺には「海」のつく地名が多い？

八ヶ岳周辺は山の中なのに「海」という漢字を使う地名が多数ある。たとえば、ＪＲ小海線には、佐久海ノ口、海尻、小海、海瀬と「海」のつく駅名が続く。

それは、昔は、この地に多数の湖があったから。かつて八ヶ岳の噴火によって、千曲川がせき止められ、多数の湖沼が生まれた。そうした湖沼には消えたものもあるが、昔の人は海と湖を区別していなかったため、地名には「海」という名で残ったのだ。

いずれ日本アルプスから３０００メートル級の山がなくなる!?

「日本の屋根」ともいわれる日本アルプス。飛騨山脈、木曽山脈、赤石山脈の総称で、奥穂高岳（３１９０メートル）、木曽駒ヶ岳（２９５６メートル）、北岳（３１９３メートル）など、３０００メートル級の山がそびえたつ。

そんな日本アルプスから、やがて3000メートル級の山がなくなるという説がある。国土地理院によるGPS（全地球測位システム）の測定で、日本アルプスが1年で最大5ミリ沈降しているとわかったからだ。

本来、日本の山は地殻変動により、年間0・1〜1・0ミリほど隆起している。地殻変動の激しい日本アルプスは、それより速いペースで隆起しているといわれていた。ところが、地殻を構成するプレートの動きが変化し、さらには地下水の汲み上げも影響して沈降をはじめたというのだ。

年間5ミリなら1000年で5メートル、1万年で50メートルだ。日本アルプスの最高峰は北岳の3193メートルだから、このペースが続けば4万年後には3000メートル超の山が消滅するというわけだ。

新潟県で地滑りがよく起きる地理的な理由

新潟県は日本屈指の地滑り地帯。その分、地滑り対策の研究も盛んで、日本地すべり学会には、東北支部、中部支部など、地方ごとに分かれるなか、新潟支部があるほどだ。

新潟県のなかでも、とくに地滑りが多いのが上越地方。同地方の地質は、地滑りを起こしやすい第三紀層のなかでも、とりわけ地滑りが起きやすい寺泊層《てらどまりそう》が多いのである。

寺泊層は、約１０００年前、比較的深い海に堆積した黒い泥岩だ。地表に出ると風化しやすく、水を含むと軟らかくなる。新潟県で地滑りが多い時期は4月だ。春になると雪解け水が寺泊層の地表にしみこんでいく。その結果、地表がさらに軟らかくなり、地滑りが起きやすくなるのだ。

どんな理由で富山は魚の宝庫になった？

富山湾は、魚の宝庫。数が多いうえ、魚の種類も豊富だ。富山湾が海の幸に恵まれた理由の一つは、対馬海流（暖流）、リマン海流（寒流）がともに流れ込んでいること。暖流の魚と寒流の魚の両方がとれるから、魚の数や種類は多くなる。
また、富山湾は岸から離れると一気に深くなり、深いところでは水深1000メートル以上にもなる。魚は自分の好みの深度で生息でき、さらには深海魚までが棲めるのだ。

魚津にあらわれる蜃気楼のカラクリとは？

富山湾の魚津市の沖あたりには、例年4～6月頃、蜃気楼が現れる。海上に森や船、街並みなどが浮かんで見えるのだ。

そうした現象には、富山湾をめぐる地形が関係している。富山湾には、春になると黒部川から雪解け水が流れ込み、海水温が低下する。一方、上空には日本海側から暖かく湿った空気が吹き込む。すると、海水近くと上空の空気の密度差が大きくなり、それが太陽光を屈折させて、蜃気楼が現れるというわけだ。

昔の人はなぜ琵琶湖が「琵琶の形」をしているとわかった？

滋賀県の琵琶湖がそう呼ばれはじめたのは、鎌倉時代から室町時代にかけてのこと。湖の形が楽器の「琵琶」に似ているからと、そう呼ばれはじめた。しかし、昔の人は、どうして琵琶の形に似ていると、わかったのだろうか？

琵琶湖の南西には、標高８４８メートルの比叡山がそびえている。その山頂から見下ろすと、琵琶湖が琵琶の形であることが見渡せるのだ。

琵琶湖の水は、東京ドーム何杯分？

日本一大きい湖といえば琵琶湖。面積は約６７０平方キロで、滋賀県の面積の約６分の１を占めている。２位は茨城県の霞ヶ浦で、面積約１６８平方キロだから、琵琶湖がいかに大きいかがわかる。東京ドームに換算すると、約１万４３３０個分の広さだ。

一方、琵琶湖の水深は最深部で約１０４メートル、平均水深は約41メートル。貯水量は２７５億トンで、東京ドーム約２万２１７７杯分になる。

琵琶湖は京都や大阪の人たちにとって欠かせない水瓶ともいわれるが、これだけの水量が関西に住む人々の暮らしを支えているのだ。

日本三景の一つ「天橋立」のあの地形ができるまで

京都北部の天橋立は、砂州が約１５０メートルも宮津湾にむかって突き出している。日本三景にも選ばれる風景ができあがったのは、江戸時代後期のことだ。

冬場、宮津地方では強風が吹き、その強風と海流によって、宮津湾内には、大量の土砂が運び込まれる。さらに、川からも砂粒が運ばれ、湾の内と外から土砂が運び込まれることで、砂が細長い形に堆積した。とりわけ、江戸時代後期、近くの川沿いの森林が大量伐採され、湾に流入する土砂の量が増えて、砂州は今のように長くなった。

「鴨川」と書いても「賀茂川」と書いてもいいの？

鴨川といえば、京都を代表する観光名所の一つ。京都の街中を南北に走り、川沿いの料亭が設ける納涼床は、夏の風物詩になっている。

この鴨川、不思議なのは、上流に行くと「賀茂川」と表記されることだ。鴨川は上流で高野川と合流するが、合流する以前は「賀茂川」と書くのだ。合流付近にある橋の名は「賀茂大橋」、賀茂川沿いにある神社も「上賀茂神社」と書く。

じつは、「賀茂」という表記のほうが古い。賀茂は、古代に大和から移ってきた豪族の姓で、かつて鴨川上流域を支配していた。上賀茂神社も賀茂氏の氏神で、正式名称は「賀茂《かも》別雷《わけいかづち》神社」。上賀茂神社より南にある下鴨神社も、正式名称は「賀茂御《かもみ》祖《おや》神社」で、やはり賀茂氏の氏神だ。

古くは賀茂と書かれていたのが、いつしか「鴨」とも書くようになり、川の名も上賀茂神社あたりまでは賀茂川、そこから下流は鴨川と書き分けることになったようだ。

吉野山はいつから桜の名所になった？

奈良・吉野山の桜はその数、３万本にもおよぶ。なぜ、吉野山はこれほど桜が多くなったのだろうか？

吉野山には、役行者《えんのぎょうじゃ》創建と伝えられる金峯山寺《きんぷせんじ》がある。役行者は桜の木で金剛蔵王権現像を彫り、守り本尊とした。やがて、吉野山では桜が神木化され、伐採が禁じられるようになったうえ、信者が桜苗を寄進するようになった。

記録によると、天正７年（１５７９）には、摂津の豪商が１万本の苗を寄進。文禄３年（１５９４）には秀吉が、苗木１万本を寄進している。こうした信仰の力によって、吉野山の桜の木は数が増えてきたのだ。

野球シーズンにはなぜか吹かない「六甲おろし」の謎

「六甲おろし」といえば、阪神タイガースの球団応援歌で有名な風。「六甲おろし」の歌詞は、ファンならずとも聞き覚えがあるだろう。

ところが、厳密にいうと、プロ野球のシーズン中、六甲おろしが甲子園球場に吹きつけることはない。六甲おろしは、阪神タイガースの本拠地・甲子園の北西に位置する六甲山系から吹いてくる山颪《やまおろし》のことだ。山颪は、山や丘から吹き下りてくる風のことであり、甲子園球場周辺では、野球シーズンが終わってから吹くのが六甲おろしなのだ。

六甲おろしが冬に吹くのは、西高東低の冬型の気圧配置になるためで、北西の湿った季節風が山沿いに強く吹くからだ。それが甲子園のある西宮市にも吹きつけてくるのだ。

「鳥取砂丘は、正確な面積がわからない」って本当？

鳥取県にある鳥取砂丘は、海岸砂丘として日本で唯一、天然記念物に指定され、砂が風で動くことにより生まれる風紋、スリバチと呼ばれる窪地など、見どころの多い砂丘だ。そんな鳥取砂丘の面積がどれぐらいかというと、じつははっきりした数字はわかっていない。

鳥取砂丘は、一般的には東西16キロ、南北2・4キロ、面積は545ヘクタールとされている。これは、鳥取市福部町岩戸から鳥取市白兎までを指したもので、その中に福部砂丘、浜砂砂丘、湖山砂丘、末恒砂丘という四つの砂丘がある。風紋をはじめ、観光地としておなじみの砂丘は、このうち浜砂砂丘のことだ。

だが、鳥取砂丘は、これだけではないという考え方もある。砂丘は、風で運ばれた砂が堆積した丘状の地形を指す。ならば、緑地化した砂丘は砂丘なのか、そうでないのか、そのあたりの線引きは曖昧で、解釈によって変わってくるのだ。

鳥取の大山の読み方は「おおやま」？ それとも「だいせん」？

関東の人が「大山」という字を見ると、神奈川県の観光地でもある「大山《おおやま》」を思い浮かべるかもしれない。一方、西日本の人が「大山」という字を見たとき、イメージするのは鳥取県の「大山」だ。こちらは「だいせん」と読み、中国地方で最も高い山だ。

中国地方を中心とした西日本には、「山」を「せん」と読む山名が少なくない。岡山県のリゾートである「蒜山《ひるぜん》」、兵庫県と鳥取県の県境にある「氷ノ山《ひょうのせん》」、島根県の出雲大社に近い霊山である「弥山《みせん》」、広島県・宮島のこれまた霊山である「弥山《みせん》」などだ。山を「せん」や「ぜん」と読むケースは全国に70ほどあり、なかでも多いのが鳥取県や島根県の山だ。

山を「せん」と読むのは、山岳仏教の中心地だった山が多い。「せん」は漢字の音読みでも「呉音」とされる読み方で、呉音は仏教用語によく使われる読み方なのだ。

鳥取県の大山も、その一つで、山岳仏教で栄えた山だ。

どうして岡山県には龍王山が22もあるのか

岡山県には「龍王山」あるいは「竜王山」という名の山が多い。県内に22もの龍（竜）王山があり、それには岡山県の気候が関係している。岡山県はもともと、雨の日が少ない。年間降水量は１１００ミリ程度で、降水量が1ミリ未満の日は全国で最も多い。

そんな岡山県は、古代から日照りに悩まされることが多く、雨乞いの儀式が盛んに行われていた。その儀式は、近隣で最も高い山の頂に祭壇を設け、雨を司るとされる龍神に祈るというものだった。龍神に祈りを捧げる山ということから、龍王山と呼ばれるようになり、やがて22もの龍王山が生まれることになったのだ。

鍾乳洞の洞窟は、どうやってできたのか

山口県秋吉台の下には、秋芳洞と呼ばれる巨大な鍾乳洞がある。その洞窟は、石灰岩と雨水が反応することによってできたもの。

カルスト台地である秋吉台は石灰岩でできていて、雨が降ると、雨に含まれる炭酸ガスが、石灰岩の主成分である炭酸カルシウムを少しずつ溶かしていく。そうして、秋吉台の内部はしだいに溶けていき、洞窟ができたというわけだ。

武蔵と小次郎が決闘した「巌流島」の意外な変遷史

関門海峡に浮かぶ巌流島は、宮本武蔵と佐々木小次郎が決闘したことで有名な島。その巌流島の面積は現在、武蔵らが決闘した時代に比べると、約6倍にも広がっている。

その理由は、明治以降、埋め立てられてきたから。まず、その埋め立て地にコレラ

患者の療養施設が設けられた。大正時代には、三菱重工業が島周囲の岩礁を爆破し、そこを埋め立てた。対岸に同社の造船所があったからだが、結局、島が工業用地になることはなかった。

瀬戸内海で霧が発生する二つの理由

瀬戸内海では海霧が発生しやすく、船は航路を見失いやすい。霧がたつと、船は霧笛を鳴らしながら航行するが、それでも衝突事故が起きている。

瀬戸内海で海霧が発生する理由は二つあり、一つは「移流霧」と呼ばれるもの。四国から暖かく湿った空気が瀬戸内海上に流れ込むと、それが冷たい海面で冷やされて水蒸気となり、霧となる。このタイプの霧は、広い範囲に発生するので、瀬戸内海を航行する船にとっては、最も警戒すべき海霧だ。もう一つは、大きな川から流れ込んだ霧が、河口から瀬戸内海に広がっていくタイプ。広島県の三原沖などで見られる海霧だ。

そもそも「瀬戸の夕凪」って何のこと？

瀬戸内海沿岸では、夕方、風がぴたりと止む。「瀬戸の夕凪《ゆうなぎ》」と呼ばれる現象だ。

夕方になると風が止むのは、海と陸では空気の温まり方が違うから。昼間は、陸上の空気が温まりやすく、空気は気圧の関係で高温から低温のほうへと流れるので、風は陸から海へ吹く。一方、夜は陸上の温度が下がり、風は温度の高い海から陸へ吹く。

その昼と夜の間の夕方、一時的に陸上と海上の温度が同じになる。そのとき、風が止むのが「夕凪」だ。また、朝も、海と陸の温度が同じになる時間帯があり、そのときも風が止む。こちらは「朝凪」と呼ばれている。

吉野川流域にはなぜ「島」がつく地名が多い？

四国の吉野川の流域には、島のつく地名が数多くある。三島、舞中島、宮島、川島、大野島、鴨島、牛島、北島、牛屋島などがあり、河口の徳島市にも「島」がつく。

これは、吉野川の氾濫によって、陸地が〝島〟のような状態になることが多かったから。吉野川は、洪水の多い暴れ川で、ひとたび洪水となると止めようがなかった。

そこで、洪水によって孤立した場所が「島」のつく地名で呼ばれるようになったのだ。

なだらかな山なのに「剣山」ってヘンじゃない？

徳島県の剣山《つるぎさん》（標高１９５５メートル）は、なだらかな山。なぜ、穏やかな山容の山が「剣山」と名づけられたのだろうか？

この剣山の「剣」は、山の姿には由来していない。剣山はもとは石立山と呼ばれ、その山頂に安徳天皇の宝剣が奉納された。

安徳天皇は平家の滅亡とともに壇ノ浦で亡くなった幼帝。その剣を奉っているところから、「剣山」と名づけられたのだ。

香川県に〝円錐型〟の山が多い地理的理由

香川県には「讃岐七富士」と呼ばれる、七つの山がある。飯野山、白山、六ツ目山、堤山、高鉢山、爺神山《とかみやま》、江甫草《つくも》山の七山で、いずれも富士山のような円錐形をしている。そこから、それぞれ讃岐富士、三木富士（東讃富士）、御厩富士、羽床富士、綾上富士、高瀬富士、有明富士と呼ばれている。

これらの山は、１４００万年前に瀬戸内火山活動でできた瀬戸内火山岩類が、１０００万年以上の歳月をかけて浸食されてできたものだ。これらの山々は、浸食によって頂上部が平らな丘となった。それらは「メサ」と呼ばれ、同県の屋島もその一つだ。メサがさらに浸食されると、「ビュート」と呼ばれる円錐形の丘になる。それが、讃岐七富士の正体だ。

富士山は、溶岩などの噴出物が積み重なって円錐状になったもので、讃岐富士は削られてできたもの。同じ円錐形でも、成り立ちはまったく違うのだ。

夏より冬の方が水温が高くなる「江戸の湧水源」のフシギ

その湧き水は、徳島県吉野川市に湧きだしている「江川の湧水源」。1920年頃、改修工事が行われ、吉野川とその支流の江川が切り離されたところ、夏よりも冬のほうが水温が高くなるという珍現象が起きるようになったのだ。

その原因説として有力なのは、吉野川の水が地下で温められ、半年後に江川の水として湧くため、季節と水温にタイムラグが生じるという見方。夏場、温められた吉野川の水が、冬になってから湧き出るため、季節と水温の関係が逆転するとみられている。

熊本平野の土地が肥えている理由を簡単にいうと？

熊本県は農業大国で、2016年の農業産出額は全国6位。なかでも、トマトの産出額は全国1位（同年）で、2位の北海道の2倍以上を生産している。

熊本県で農産物がよく育つのは、熊本平野の土壌がよく肥えているから。熊本平野は九州で2番目に広い平野で、阿蘇山の東側に位置している。阿蘇山の噴火活動による大量の噴出物が川に流れ込み、その川が有明海に向けて流れるうち、堆積してできた平野だ。そこに流れ込む豊富な栄養を同平野にもたらしてきた。

しかも、熊本平野は水にも恵まれている。その地下には、熊本市民70万人の水道水をすべてまかなえるほどの地下水が蓄えられているのだ。肥沃な土壌と豊富な地下水に恵まれた熊本平野で、農作物はすくすくと育つというわけだ。

大分県の〝地図から消えた山〟の話

大分県津久見市には水晶山《すいしょうざん》と呼ばれる山があり、昔の地図には、標高２５８メートルと記されている。ところが、現在、この山は小さな丘になっている。この水晶山は山ごと石灰石でできていたため、山ごと〝採掘〟されてしまったのだ。

津久見市でセメントづくりがスタートしたのは、江戸後期のこと。吉田屋八十治という人物が、石灰焼きを始めたのがきっかけだった。明治時代になると、政府が、官製のセメント工場を設立。大正時代に津久見港が整備されて、大量輸送態勢が整うと、近代的なセメントの大量生産が始まった。すると、水晶山はどんどん削りとられて、「山」とは呼べない現在のような姿になったのである。

宮崎にある「鬼の洗濯岩」にみる大自然のパワーとは？

宮崎県の観光地・青島のいちばんの目玉は「鬼の洗濯岩（洗濯板）」。海岸にデコボコとした岩盤が広がり、干潮時には１００メートルも現れる。どのようにして、このような風景が生まれたのだろうか。

青島周辺は、１０００万年から８００万年前の地層でできている。その地層は砂岩層と泥岩層からなり、波に洗われるとモロい泥岩層が浸食され、堅い砂岩層が残っていく。そのため、デコボコが規則正しく並ぶ波状岩となったのだ。

なぜ吹上浜には47キロに及ぶ砂丘ができた？

鹿児島県の吹上浜は、全長47キロ、幅５００メートル以上もの砂丘がつづいている。これほど広い砂丘ができたのは、「シラス土壌」が川によって運ばれてきたから。

「シラス土壌」は白い砂質の火山灰で、その成分は石英や輝石、斜長石など。その火山灰が河川によって山から運ばれ、強風によって吹き上げられ、海岸沿いに少しずつ堆積した。「吹上浜」という名前も、風によって砂が吹き集められたことに由来する。

鹿児島湾の形ができるまでに何が起きた？

鹿児島湾は、大隅半島と薩摩半島に囲まれた東西幅10～20キロ、南北約70キロの大きな湾。この湾は、もともと巨大な噴火口だった。

その昔、今の鹿児島湾の北部分には、姶良《あいら》火山という巨大火山があった。旧石器時代に大爆発を起こして、姶良火山は姿を消し、そのカルデラに海水が流れ込んで鹿児島湾の北部分ができた。

　一方、南部分にも、指宿火山という大きな火山があり、これまた大爆発を起こして、カルデラが残った。そこにも海水が入って、鹿児島湾の南部分を形成した。

沖縄の桜前線は、北上しないで南下する⁉

　沖縄では、桜前線が北上せずに、南下していく。なぜだろうか？

　そもそも桜は、ある程度、気温が低い時期が続くと、つぼみをつける植物。ところが、沖縄の南部は冬場も気温が高いため、つぼみをつけるスイッチがなかなかはいらない。一方、北部は気温が下がるため、スイッチが早くはいり、つぼみをつけやすいというわけだ。そして、早くつぼみをつければ、開花も早くなり、桜前線は北から南へと南下していくことになる。

特集2　話のネタになる地名②

1　ご存じですか？　怖い地名

□首切峠——岡山県真庭市の峠。一揆後、農民が処刑され、さらし首にされたという説や、戦国時代の古戦場であり、多くの人が命を落としたから、この地名になったなどの説がある。

□自《じ》害《がい》谷《や》戸《と》——神奈川県相模原市の地名。かつて、この地で自害した人がいたとみられる。谷戸とは谷間のことで、鎌倉をはじめ、神奈川県に多い地名。

□黒髪——熊本市の地名。昔、合戦で切られた首が流れ着きやすかったから、この名になったという伝承がある。

□百人浜——北海道・襟裳岬から十勝方面に続く砂浜。かつて、近くで船が難破し、

100人もの水死体が打ち上げられた場所という言い伝えがある場所。

□死人沢《しびとざわ》――宮城県の地名。旅の僧侶が殺され、その遺体が打ち捨てられていたという伝承がある場所。

□神呪町《かんのうちょう》――兵庫県西宮市の地名。「神を呪う」という意味ではなく、「神の寺」に漢字をあてたとみられる。同市には、「神呪寺《かんのうじ》」という寺院もある。

□爆発踏切――福岡県添田町《そえだまち》にある踏切の名。1945年11月、米軍が日本軍の残していた火薬を処理しようとして爆発。死者147人を出す大事故があった場所の近くにある踏切。

□武器学校前――茨城県阿見町《あみまち》のバス停名。近くに、陸上自衛隊の施設がある。

□三途川《さんずかわ》――群馬県甘楽町《かんらまち》を流れる一級河川。

□秘密尾《ひみつお》――山口県周南市の地名。壇ノ浦の戦い後、平家が逃げ落ちた地域とされるが、地名との関係ははっきりしない。平家であることを秘密にしたということだろうか。

□矢場居《やばい》――静岡県御殿場市の地名。通称「ヤバイの交差点」がある。直線が長く、スピードを出しやすい場所なので、地元では「本当にヤバイ」といわれているという。

□人喰谷《ひとくいだに》――富山県南砺《なんと》市の地名。五箇山トンネルのそばの谷。人を食らうかのような深い谷であることから。

□千人塚――長野県南部の地名。織田信忠と武田勢の戦いで、1000人もの死体を埋めたと伝えられる場所。

□大刀洗町《たちあらいまち》――福岡県中部の町の名。南北朝時代の古戦場で、菊池武光勢が戦いに勝ち、刀を洗ったという故事から。

□黒血川――岐阜県の関ヶ原北西の城山を源とする川。関ヶ原は、壬申の乱の際の戦場でもあり、そのとき、兵士の血で川が黒く染まったことに由来するという。

□血洗島《ちあらいじま》――埼玉県深谷市の地名。由来をめぐっては、利根川の氾濫によって、地が荒れる「ちあれ」に由来するという説や、合戦場で血が流されたという説などがある。

□血捨之木《ちしゃのき》――宮崎県高原町の地名。神武天皇が生まれた際、母・玉依姫《たまよりひめ》が、さまざまなものを洗いきよめたという伝承から。

□犬の墓――和歌山県紀の川市のバス停名。もとは「院の墓」だったが、盗掘を避けるため、「犬の墓」に改名したという伝承がある。

□人骨山《ひとぼねやま》――千葉県鋸南町《きょなんまち》の山。姥捨山伝説があり、また鬼退治の後、人骨がたくさん出てきたという話も伝わる地。

□人首《ひとかべ》――岩手県奥州市の地名。かつて、この地を治めていたアイヌの族長「人首《ひとかべ》丸《まる》」の名に由来すると伝えられる。

□白骨温泉《しらほねおんせん》――長野県松本市の温泉。石灰質で湯船の内側が白くなることから、この名に。

2 鬼が登場する地名

□前鬼《ぜんき》――奈良県南部の地名。役行者に

従った前鬼、後鬼が棲みついたことに由来すると伝えられる。その鬼の子孫といわれる人が、近くで熊野古道を歩く人々のための宿を営んでいる。

□鬼《おに》死《し》骸《がい》——岩手県一関市のバス停名。奈良時代、坂上田村麻呂が鬼退治をして、その死骸を埋めた場所と伝えられる。

□父《ちち》鬼《おに》街《かい》道《どう》——和歌山県と大阪府を結ぶ道。今の国道480号線のルート。和泉市父鬼、父鬼川沿いを経由する道。

□女《め》鬼《き》峠《とうげ》——三重県、旧熊野街道の峠。人食い鬼と、その鬼に食われた女の幽霊をめぐる伝承に由来する地名。

□鬼《き》無《なし》——香川県高松市の地名。桃太郎が鬼退治に出かけ、逃げた鬼をここで成敗したという伝承から。

□鬼首《おにこうべ》温泉《おんせん》——宮城県大崎市の温泉。鬼と呼ばれた豪族が、ここで首をはねられたという伝承がある。

□鬼《き》ノ《の》城《じょう》——岡山県総社市にある古城跡。昔話「桃太郎」の原形といわれる鬼退治伝説が残る。

3　京都の怖い地名

□御陵血洗町《みささぎちあらいちょう》――京都市山科区の町名。牛若丸が少年時代、平泉へ下る途中、無礼を働いた平家の侍とその従者ら（盗賊だという説）を切り捨てたという伝承が残る場所。

□耳塚《みみづか》――京都市東山区にある豊国神社門前の史跡。秀吉の時代、朝鮮出兵の戦利品として持ち帰った耳や鼻を埋めた場所と伝えられる。

□悪王子町《あくおうじちょう》――京都市烏丸五条上るの町名。荒ぶる神であったスサノオノミコトを祀る神社があったことに由来する。

□千本通り《せんぼんどお》――平安時代の大通りの朱雀大路にあたる道。船岡山西麓の葬送地へとつづく道に、１０００本の卒塔婆を建てたことに由来する。

□赤池――京都南インターチェンジ付近の地名。鳥羽伏見の戦いの際、当時この地にあった池で、刀を洗い、池の水が赤く染まったという言い伝えがある。あるいは、平安時代の血なまぐさいエピソードに由来するという説もある。

4　いろいろな女性が出てくる地名

□美女木《びじょぎ》——埼玉県戸田市の地名。流鏑馬《やぶさめ》による「飛射騎《びしゃき》」が変化したなど、複数の由来説がある。

□美女平《びじょだいら》——富山県東部の地名。昔、女人禁制の定めをおかした美女が杉の木になったという伝承が残る土地。

□女遊戸《おなっぺ》——岩手県宮古市の地名。アイヌ語で「川の端が切れるもの」という意味だという説がある。同県釜石市には「女遊部」という地名があり、やはり「おなっぺ」と読む。

□女体山《にょたいさん》——茨城県の筑波山の二山のうちの一つ。ほか、栃木県、香川県などにも、同名の山がある。

□女神《めかみ》——静岡県牧之原市の地名。同市には「男神《おかみ》」という地名もある。

□女屋敷《おんなやしき》——山口県萩市を走る防長交通のバス停。

□産母《やぼ》——宮崎県宮崎市の地名。当地の産土神、江田神社が「産母さま」と呼ばれることから。

□女化《おなばけ》——茨城県牛久市の地名。女が化けたのではなく、助けた狐が女に化けて恩返しをするという伝説に由来する地名。

□祖母石《うばいし》——山梨県韮崎《にらさき》市。住所には上祖母石、下祖母石がある。かつて集落にあった巨石が老女の座った姿に見えたことが地名の由来とみられる。

□五女子《ごにょし》——愛知県名古屋市中川区の地名。尾張の領主が7人の娘に領地を与え、一女子〜七女子までを地名にした。現在は、二女子、四女子、五女子が残っている。

□男女群島《だんじょぐんとう》——長崎県西部に浮かぶ群島。男島《おしま》、女島《めしま》などからなる。

5 見るからに、いわくありげな地名

□京都郡《みやこぐん》——福岡県の郡名。『日本書紀』によれば、景行天皇の行幸の際、仮宮が建てられたことから、「宮」と名づけられたことに由来するという。

□松田庶子《まつだそし》——神奈川県松田町の地名。かつて、この地を治めた松田氏の庶子が住んでいたという伝承がある。

□天使突抜《てんしつきぬけ》——京都市下京区の地名。森を突き抜けるような細い参詣道があったところから、この名になったと伝わる。

□勢揃坂《せいぞろいざか》——東京都渋谷区の坂。源義家が奥州征伐に向かう際、この地で軍勢が合流、〝勢ぞろい〟したと伝えられる。

□胎内《たいない》——新潟県北部の市名。「タイナイ」はアイヌ語に由来し、清い水の流れという意味。それに漢字を当てたとみられる。同市内には、胎内川が流れている。

□断魚渓《だんぎょけい》——島根県中部の渓谷。地形が急で、魚がそれ以上遡上できないことから、この名になった。かつては、「魚切《うおきり》」とも呼ばれた。

□夜明島《よあけしま》——秋田県鹿角《かづの》市の渓流部にある地名。天狗たちが吊り橋を架けていると、作業の途中で夜が明けてしまい、天狗たちは飛び去ったという伝承から。

□九十九島《くじゅうくしま》——長崎県北部の海上に散ら

ばる島々の総称。99といいながら、じつは208の島がある。一方、島原市沖の九十九島は「つくもじま」と読む。

□八重干瀬《やびじせ》——宮古島の北10キロにあるサンゴ礁群。わずかな期間、岩礁が水面に浮かび上がることで、観光スポットとして有名な〝島〟。

□猫実《ねこざね》——千葉県浦安市の地名。昔は洪水防止用の松が植えられ、津波もそれを越えることはなかったという。猫とは関係なく、「根越さね」に由来するとみられる。

□材木座《ざいもくざ》——鎌倉市の海岸付近の地名。鎌倉幕府は「鎌倉七座」と呼ばれる7カ所の交易場を設けた。その一つの「材木座」があった場所。

□帝塚山《てづかやま》——大阪市南部の地名。明治天皇が陸軍演習を観戦したことから、「帝」という文字が使われている。「帝」を「て」と読む珍しい例。

□御堂筋《みどうすじ》——大阪の真ん中を貫く幹線道路。「御堂」という言葉は、本町付近に西本願寺別院の北御堂、東本願寺別院の南御堂があることに由来する。

□久伊豆神社《ひさいずじんじゃ》——埼玉県岩槻市の総鎮守。「クイズ」と読むこともできるところから、テレビ業界では、クイズ番組の製作者がお参りにいくのが慣例となっている。クイズ番組の出場者にも優勝を願って訪れる人が多い。そんな縁で、かつて「ウルトラクイズ」の予選会場になったこともある。

□歯神社《はじんじゃ》——大阪市北区の神社。御祭神は「歯神大神《はがみさん》」。御利益はご想像どおり、「歯痛鎮静」「健歯護持」「歯業成就」など。

□雨晴《あまはらし》——富山県高岡市の地名。源義経が奥州へ落ちのびる途中、雨宿りをした「義経岩」があり、その伝承に由来する。

□博奕岬《ばくちみさき》——京都府舞鶴市の岬。鯨大王と竜神が強さを競い、博奕で白黒つけたという民話に由来する。

□美談《みだみ》——島根県出雲市の地名。もとは「三太三」と書いたが、奈良時代、地名を2文字に改めよという朝廷の命令に従って改名したと伝えられる。

□嫁威《よめおどし》——福井県あわら市の地名。姑が

鬼の面をつけて嫁を脅したという嫁イビリ伝説に由来する。

□阿漕浦《あこぎうら》――三重県津市の地名。親孝行の漁師が禁を破ってこの浦で密漁を繰り返し、捕まって海に沈められたという伝承がある。その話から「あこぎ」という言葉が生まれたという。

□嬬恋村《つまごいむら》――群馬県吾妻郡の村。日本武尊が妻をしのんで嘆いたという故事に由来する地名。今は、キャベツの名産地。

□足温泉《たるおんせん》――岡山県真庭市の温泉。温泉名は、傷を負った武士に樽詰めの湯を送ったという故事にちなみ、樽→足る→足と変化したとみられる。

□渡島半島《おしまはんとう》――北海道南西部の半島。本州と往来する地だったので「渡島」という名になった。「としま」と読まないように。

□地球岬《ちきゅうみさき》――北海道室蘭市にある岬。雄大な名前ではあるが、アイヌ語で岬を意味する「チケウエ」に「地球」の字を当てたもの。

□十三峠《じゅうさんとうげ》――大阪・奈良の県境にある峠。

かつては、この峠を経て、奈良の都まで狼煙で異変を伝えた。「十三」は狼煙台の役人の人数と伝えられる。

□碁盤島《ごばんじま》——石川県志賀町の島。源義経・弁慶が上陸して碁を打ち、負けた義経が怒って碁盤を投げつけたという伝承がある。

□梵字川《ぼんじがわ》——山形県鶴岡市を流れる川。弘法大師が川の流れを「梵字のようだ」と言ったことから、この名になったと伝えられる。

□打出小槌町《うちでこづちちょう》——兵庫県芦屋市の地名。打出村の長者が、願いがかなう宝の小槌を持っていたという伝説にちなむ地名。今は閑静な住宅街。

□宗右衛門町《そうえもんちょう》——大阪府大阪市中央区の地名。大阪ミナミを代表する繁華街の一つ。江戸時代の町年寄、山ノ口屋宗右衛門の名に由来する地名。

□大凸部《おおとんぶ》——伊豆七島の青ヶ島の地名。「凸部」とは噴火口のことで、同島には「大《おお》人ヶ凸部《じんがとんぶ》」「長の凸部」もある。

□七五三場《しめば》――茨城県結城市の地名。3・5・7歳で祝いの行事をして、合計15歳が成長の〝シメ〟に当たる。それで、七五三をシメと読むという。

□銭州《ぜにす》――伊豆諸島神津島村《こうづしまむら》の岩礁。その周辺では魚がよく獲れ、銭を稼げるところから、こう呼ばれるようになったという。

6 動物の地名

□白兎海岸《はくとかいがん》――鳥取県北西部の砂浜の海岸。神話「因幡の白兎」の舞台と伝えられ、白兎をまつる白兎神社がある。

□狼煙町《のろしまち》――石川県珠州市の地名。古代、大陸から外国船が近づいてくると、狼煙のリレーによって朝廷に知らせていた。その狼煙台があったことに由来する。

□鹿骨《ししぼね》――東京都江戸川区の地名。鹿島大神が奈良の春日大社に向かう途中、使いの鹿が急死し、弔った場所と伝えられる。

□犬墓《いぬのはか》――徳島県阿波市の地名。平安時代、この地で空海がイノシシに襲われた際、連れていた犬が身を犠牲にして守ってくれた。空海が愛犬の死を悲しんで、ここに犬の墓を立てたことから、この地名になったという。

□狸穴《まみあな》――東京都港区の地名。ロシア大使館の東隣の「狸穴坂」に、かつて狸の棲む洞穴があったという。

□大蟷螂町《だいとうろうちょう》――愛知県名古屋市の地名。虫の蟷螂《かまきり》ではなく、宮大工の（大）棟梁に由来する地名とみられる。

□磯鶏《そけい》――岩手県宮古市の地名。海に身を投げた高貴な人物の遺体が流れていることを、船に乗せた鶏が鳴き声で知らせたという伝承に由来する。

□千厩《せんまや》――岩手県一関市の地名。源義家が陣を置いた岩窟に、1000頭の軍馬をつないだという伝承に由来する。

□牛窓《うしまど》――岡山県瀬戸内市の地名。牛鬼を投げ飛ばして神功皇后を救った場所を「牛転《うしまろび》」と呼び、それが「牛窓」に転じたという。

■参考文献

「コンサイス日本地名事典」三省堂編修所（三省堂）／「角川日本地名大辞典」角川日本地名大辞典編纂委員会（角川書店）／「謎解き散歩」シリーズ（新人物文庫）／「地理・地名・地図の謎」シリーズ（じっぴコンパクト新書）／「日本列島なぞふしぎ旅」山本鉱太郎（新人物往来社）／「全国科学ゼミナール事典」西岡秀雄監修（三省堂）／「日本の地名」谷川健一（岩波新書）／「日本地図探検術」正井泰夫、中村和郎、山口裕一（ＰＨＰ）／「地図通になる本」立正大学マップの会（オーエス出版社）／「傑作日本列島入門」浅利佳一郎（はまの出版）／「京都雑学事典」毎日新聞社編（毎日新聞社）／「地図のことがわかる事典」田代博、星野朗編著（日本実業出版社）／「日本地理がわかる事典」浅井建爾（日本実業出版社）「日本の地名がわかる事典」浅井建爾（日本実業出版社）／「この一冊で東京の地理がわかる！」正井泰夫監修（三笠書房）／「楽しくて役に立つ地理と地図の本」向山洋一編、岩切洋一著（ＰＨＰ）／「あの県この県ビジネス攻略本」矢野新一（ビジネスアスキー）／「なしても北海道だべや」千石涼太郎（勁文社）／「県民性の日本地図」武光誠（文春新書）／「隣りの研究」毎日新聞地方部特報班（毎日新聞社）／「大阪学」大谷晃一（新潮文庫）／「都道府県ランキングくらしデータブック」朝日新聞社編（朝日新聞社）／「都道府県別データブック」読売新聞校閲部編（ＰＨＰ）／「東西学」吉本俊二（経営書院）／「大阪ものしり事典」創元社編集部編（創元社）／「雑学日本一だよ！長野県」加瀬清志（信濃毎日新聞社）／「あきた雑学ノート」読売新聞秋田支局編（無明舎）／「富山ものしり雑学大全」クイズ・フォーカス・イン取材班編（富山テレビ放送）／「現代かがわの基礎知識」かがわクイズ問 題研究会（美巧社）／「沖縄・離島のナ・ン・ダ!?」沖縄ナンデモ調査隊（双葉文庫）／「天気で読む日本地図」山田吉彦（ＰＨＰ新書）／「東京の鉄道がわかる事典」武田忠雄監修／「東京の地下鉄がわかる事典」青木栄一監修、日本実業出版社編／「日本の鉄道雑学事典」南正時／「道と路がわかる事典」浅井建爾／「新幹線がわかる事典」原口隆行（以上、日本実業出版社）／「鉄道・駅と路線の謎と不思議」梅原淳／「鉄道・車両の謎と不思議」梅原淳／「鉄道路なんでもおもしろ事典」浅井建爾／「アジアの鉄道の謎と不思議」小牟田哲彦（以上、東京堂出版）／「通勤電車もの知り大百科」岩成政和（イカロス出版）／「全国鉄道おもしろ雑学事典」川島令三（ＰＨＰ）／「図解雑学日本の鉄道」西本裕隆（ナツメ社）／「列島縦断ヘンな駅!?」所澤秀樹（山海堂）／「鉄道なるほど雑学事典」川島令三編著／「鉄道なるほど雑学事典２」川島令三編著（以上、ＰＨＰ文庫）／「秘境駅へ行こう！」牛山隆信（小学館文庫）／「理科年表」国立天文台編（丸善）／「知恵蔵」（朝日新聞社）／朝日新聞／読売新聞／毎日新聞／日本経済新聞／ほか

※以上、書籍、新聞、雑誌に加えて、様々なホームページを参考にさせていただきました。

編者紹介

ワールド・リサーチ・ネット
メディアを通して流される様々な情報に対して、それを鵜呑みにせず、独自のスタンスで斬り込むことを信条とするプロジェクト型取材チーム。世界と日本の政治、経済、カルチャー、歴史、地理、環境など関心領域は多岐にわたる。目に見える事象の裏にある真相を見極めるべく、日々調査を続けている。

モノの見方《みかた》が変《か》わる大人《おとな》の地理力《ちりりょく》

2018年 8 月 15 日　第 1 刷

編　　者　ワールド・リサーチ・ネット

発 行 者　小 澤 源 太 郎

責任編集　株式会社プライム涌光
電話　編集部　03(3203)2850

発 行 所　株式会社青春出版社
東京都新宿区若松町12番1号〒162-0056
振替番号　00190-7-98602
電話　営業部　03(3207)1916

印刷・大日本印刷　　製本・ナショナル製本

万一、落丁、乱丁がありました節は、お取りかえします

ISBN978-4-413-11267-3 C0025

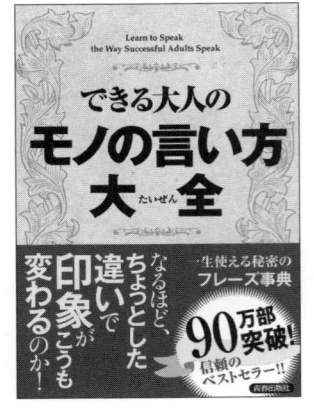